无形风险社会

[日] 畑村洋太郎 著

宋婷 李立丰 译

北京大学出版社
PEKING UNIVERSITY PRESS

著作权合同登记号　图字:01-2024-4568
图书在版编目(CIP)数据

无形风险社会／(日)畑村洋太郎著；宋婷，李立丰译. --北京：北京大学出版社，2024.11. --ISBN 978-7-301-35641-8

Ⅰ．D731.38

中国国家版本馆CIP数据核字第2024YC3302号

《KIKEN FUKASHI SHAKAI》
© Yotaro Hatamura 2010
All rights reserved.
Original Japanese edition published by KODANSHA LTD.
Publication rights for Simplified Chinese character edition arranged with KODANSHA LTD. through KODANSHA BEIJING CULTURE LTD. Beijing, China.

本书由日本讲谈社正式授权，版权所有，未经书面同意，不得以任何方式作全面或局部翻印、仿制或转载。

书　　　名	无形风险社会 WUXING FENGXIAN SHEHUI
著作责任者	〔日〕畑村洋太郎　著　宋婷　李立丰　译
责任编辑	陈晓洁
标准书号	ISBN 978-7-301-35641-8
出版发行	北京大学出版社
地　　　址	北京市海淀区成府路205号　100871
网　　　址	http://www.pup.cn　http://www.yandayuanzhao.com
电子邮箱	编辑部 yandayuanzhao@pup.cn　总编室 zpup@pup.cn
新浪微博	@北京大学出版社　@北大出版社燕大元照法律图书
电　　　话	邮购部 010-62752015　发行部 010-62750672 编辑部 010-62117788
印　刷　者	北京中科印刷有限公司
经　销　者	新华书店
	850毫米×1168毫米　32开本　7印张　103千字 2024年11月第1版　2024年11月第1次印刷
定　　　价	49.00元（精装）

未经许可，不得以任何方式复制或抄袭本书之部分或全部内容。
版权所有，侵权必究
举报电话：010-62752024　电子邮箱：fd@pup.cn
图书如有印装质量问题，请与出版部联系，电话：010-62756370

目 录

序言　将风险可视化　　　　　　　　　　*001*
第一章　安全控制陷阱　　　　　　　　　*001*
第二章　控制系统的失控　　　　　　　　*030*
第三章　"制造者"和"使用者"之间　　　*052*
第四章　人间凶器　　　　　　　　　　　*085*
第五章　大家不信任核电的原因　　　　　*109*
第六章　剥夺儿童风险意识的社会　　　　*131*
第七章　规定和标准能保障安全吗?　　　*149*
第八章　安全社会中的风险　　　　　　　*175*
结　语　　　　　　　　　　　　　　　　*198*
译后记　　　　　　　　　　　　　　　　*203*

序言　将风险可视化

从"门计划"到"风险学项目"

本书总结了当今日本社会所面临的各种"风险"（此处的"风险"非指犯罪等政治或社会风险，而是专指事故、灾害等技术或自然风险），其范围从引发惨烈事故、重大灾害的罕见风险，到身边无处不在的普通风险，不一而足。相关写作，主要参考了"风险学项目"的研究成果。

"风险学项目"，乃作者此前自行发起之研究项目。

2004年3月26日，在日本东京六本木新城发生了一起令人痛心的意外，一名六岁男童被自动旋转门夹住后不幸身亡。事故发生后，痛定思痛，作者意识到，此类悲惨事故之所以层出不穷，主要还是因为事故原因没有得到理论剖析，更未上升为社会共识。故此，作者率先发起了"门计划"，旨在验证事故发生的真正原因。

"门计划"吸引了包括企业、个人在内的众多伙伴参与。项目活动从2004年6月开展至次年5月，历时近一年。试验对象不仅限于旋转门，还包括汽车门和电车门、学校的卷帘门、住宅门等。经过各种各样的验证实验，项目取得了一定的成果，发现了许多潜藏在"门"中的风险，并以此结项。

然而，其后接二连三爆出电梯门夹人事故、卷帘门压人事故、游泳池排水口吸人事故、碎纸机断指事故等各种各样的风险意外。因而，为了更广泛地了解社会中潜藏着的风险来源，并将所得信息共享，呼吁人们做好下一步的行动准备，作者决定从2007年4月启动全新的研究计划，即所谓"风险学项目"。

人类与机械关系之异变

之所以启动"风险学项目"，主要基于如下两点考量：

其一，晚近，人类与人工制品（机械）之关系发生变化，从而孕育出新的风险。

其二，因为"安全"被绝对化，"风险"在社会中普遍不再可见，渐趋隐形。而这反而增加了潜在的风险性。

虽然惨绝人寰的事故变得极为罕见，但与此同时，前所未有的"意外"却在悄然增加。导致上述现象的原因之一，便是随着技术的进步，人类与机械/系统的分工领域发生了巨大变化（如图0-1）。

大体上，任何机械/系统在刚开发出来的时候，适用领域并不甚广泛。起初，通常都是由人控制，"小心使用"，然后，机械/系统开始获得部分自主性。

然而，随着技术进步，机械/系统自行负责的领域逐步扩大。剩下的部分，因为机械/系统无力承担，需借由人类的"小心使用"予以填补。质言之，技术进步意味着由机械/系统负责的分工领域不断扩大。

如此一来，即使人们不怎么注意，大多数情况下，仍可安全可靠地使用机械/系统。

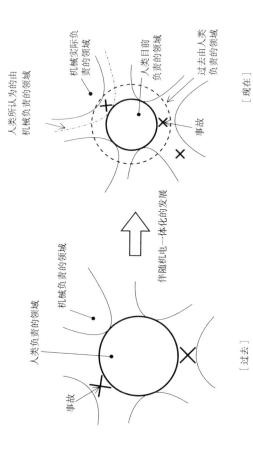

图 0-1 人类与机械/系统分工领域的变化所引发的事故

最终，我们会逐渐产生一种错觉，即过去由人类小心翼翼负责的领域，也完全可以由机械/系统来分担。

事实上，许多机械/系统无时无刻不在向前进化发展，从过去的故障或事故中汲取经验，并且升级配备新的功能来消除潜在的风险。与此同时，人类在使用过程中对机械/系统日益依赖，原本的注意力显著下降。这就好比计算机的出现导致人类心算能力下降，或者使用电脑打字写文章导致我们提笔忘字，导航系统的出现导致越来越多的人看不懂地图。诸如此类，机械/系统变得安全方便后引发的负面现象，可谓俯拾皆是。

但是，创造出机械/系统的是人类自己。囿于生而为人的局限性，任何开发与设计都自然会存在考虑不周或出乎预料的意外情况。所以，当机械/系统引发事故时，我们往往手足无措，无法应对，从而导致损失进一步扩大。

讽刺的是，由于人类愈发依赖机械/系统的安全性，对潜在风险漠不关心，导致意想不到的严重伤害甚至死亡事故频频发生。

隐形风险

为什么说"绝对安全"就意味着隐藏了风险,或是增加了潜在的风险呢?

对社会来说,"安全"拥有绝对价值本身并不是一件坏事。例如,自1952年以来,2009年的日本交通事故死亡人数(事故发生后二十四小时内死亡)在时隔五十七年后首次低于五千人。1952年,日本国内的汽车保有量才刚刚超过五十万辆,跟如今接近八千万辆的情况完全不可同日而语。除汽车本身的安全性有所提升之外,从这个事例还能看出,完善交通系统、贯彻落实交通规则(如加重酒后驾驶的处罚、强制系安全带等提高社会安全性的措施)取得了实效。

正如2005年4月25日造成一百零七人死亡的"西日本旅客铁道株式会社"(JR西日本)福知山线脱轨事故[①]

[①] "西日本旅客铁道株式会社"(JR西日本)福知山线脱轨事故,是指2005年4月25日上午9时18分(日本标准时间)发生于兵库县尼崎市的重大铁路事故:一列JR西日本福知山线的快速(转下页)

所示，原本应该放在第一位的"安全"价值，如果被其他考量（经济性、准时性等）取而代之，就可能导致严重的事故，这种情况现在依然比比皆是。但与此同时，如果社会中的"安全"太过绝对，人们自然会试图完全消除"风险"本身。也就是说，如果我们真的能够消灭风险，随之而来的问题便不会发生，但风险之杜绝，断无任何可能。正如作者接下来要在本书中列举说明的诸多事例那样，无论多么努力消除，风险依然存在。而环

（接上页）电车因为脱轨撞击路旁公寓大楼，造成一百零七人死亡，五百六十二人受伤。这是日本国内战后铁道事故史上第四严重的意外事件。事故发生地点位于 JR 西日本福知山线上冢口站与尼崎站间，一个位于兵库县尼崎市久久知（久々知）——冢口站以南约一千米的弯位区间上（弯位曲线半径三百零四米）。一列由宝冢驶往同志社前（JR 片町线，别称"JR 学研都市线"）的上行快速电车在行经该路段时，前五节车厢突然脱轨，其中两节撞击铁路旁九层楼公寓大楼一楼室内停车场的外部结构，不锈钢制车厢严重变形，车内乘客伤亡惨重。根据日本航空与铁道事故调查委员会的调查，现场弯道的半径为三百米，"是一个相当急的弯道"。现场附近装设的自动列车停止装置（ATS-Sw）却是日本仍在使用的最旧款式。加上弯道半径三百米的缘故，这个弯道并没有防止脱轨的安全措施。事故电车在前两站伊丹站驶过停止线约七十米，倒退回标准位置，导致误点一分三十秒。在 JR 西日本的政策下，误点达一分钟就会被处分，接受严苛的"日勤教育"；司机害怕遭到"教育"，将车速推至极限以图追回误点的时间（到达事发地点前，肇事电车以一百一十六千米的时速通过前一站的冢口）。到了弯道前方（事发前四秒）使用紧急制动，此时已来不及将车速减至限制速度，遂造成严重的脱轨事故。——译者注

境的变化，更会引发新的风险。

尽管如此，随着我们不断尝试彻底消除各种风险，其在人类意识中就从"不该存在的东西"变成"不存在的东西"，并逐渐在整个社会中被视作现实。也就是说，相关话语，俨然成为所谓的社会"禁忌"。

"风险"实际存在，但却被当作"不存在的东西"加以对待。即使"风险"存在，人们也无法察觉，这就是隐形的风险。然后终有一天，风险忽然现形，引发意外或灾难时，人们会因为"毫无预料"而惊慌失措。

另外，"风险"被普遍视为"不存在的东西"，还会诱发另一个问题。被视作"不存在的东西"，那就意味着风险的真实情况亦不为人知。而且，人类对于不明所以的东西存在过度恐惧的先天倾向。因此，对于那些实际上不会导致致命问题的微小风险，我们会因为不知道其真实性质而反应过度，动辄试图将其彻底清除。从最近大众对食品安全的反应中即可对此有所体察，在本书第六章讨论的游乐设施问题中也可以看到相关倾向。在作者看来，这应该是造成日本社会故步自封、发展停滞的要因之一。

绘制"风险地图"

因此,作者与同侪在"风险学项目"中想要做的,就是绘制一张"风险地图",旨在一目了然地了解社会中究竟何处存在何种潜藏风险。

按照常规做法,地图上会标注"此路安全"的记号。但是,如此一来,如果周围的环境发生改变,导致上述通途因为某种原因存在阻碍,就可能会让使用者变得无所适从。人们之所以无法另辟蹊径,说到底还是因为客观存在的风险变得不可视,隐藏了起来。

所以,作者所在的研究团队决定首先绘制一张"风险地图",用来告诉人们哪里有风险。待"风险地图"出炉,人们就可以自主思考如何避免风险,而其所选择的进路自然亦会因人而异、各有不同(图0-2)。这就是我们想首先绘制"风险地图",然后广而告之,使其成为全社会共同财富的初衷。

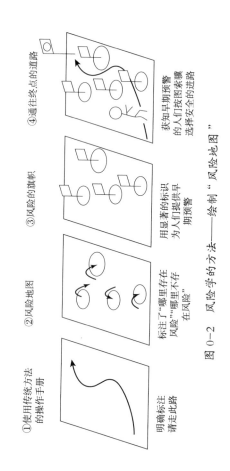

图 0-2 风险学的方法——绘制"风险地图"

"风险学项目",总共分为十三个小组,分别负责厢式电梯、自动扶梯、机械式停车场、软件系统、医疗活动、绘本、游乐设施、自然灾害、航空和核能等专门领域。为了了解各个小组对风险的掌握情况,项目组成员实地采访相关当事人。为了用力学原理来解释已发生的事故,我们还进行了实证研究(例如,使用假人和传感器实验,以了解如果在自动扶梯上摔倒,人体会受到多大的冲击)并将其数值量化。在此基础上,进一步深入调查研究社会、组织和个人的关系,以及人类的思维方式和行为方式(图0-3)。

根据项目研究所的研究成果,我们还制作了绘本《当心!危险!》(『あぶない!きけん!』)和一本名为《写给孩子的风险学》(『子どものための危険学』)的宣传册,向全日本一万三千多所幼儿园免费赠阅,并积极开展宣传活动,提供包括设计新的游乐设施在内的公益服务。

概括来说,"风险学项目"活动的基本态度主要包括如下四点:

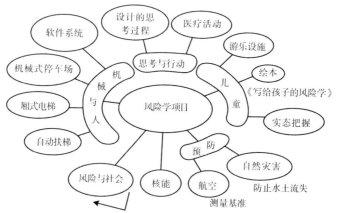

图 0-3 风险学项目所涉及的具体课题

其一，避免"应该""应当"等应然意义上的研究，贯彻研究的现实论。

其二，依靠健全社会的赞助支持。

其三，不耗费公帑，项目参加者基本上自费食宿。

其四，不实施严格控制，倡导发挥参与者的自主性。

"风险学项目"于2007年4月启动，于2010年春天迎来了堪称里程碑的三周年。项目活动从一开始便计划为三年加两年，共计五年的形式，今后也将继续进行下去。以此为契机，作者决定把至今获得的关于风险的各种知识汇编成册，以便使其成为社会共同财富。本书由此诞生。

到目前为止，日本社会在"绝对安全"的口号下，朝着消除"风险"的方向大力发展。其结果是，形成了一个前所未有的"安全"社会。但时至今日，这个所谓"绝对安全社会"的大限将至。接连涌现的全新类型事故，以及本书中出现的各种案例，都表明了"绝对安全社会"自身存在的脆弱性。当下，更多的人需要正视"风险"，同时掌握将"风险"融入个人生活乃至社会的方法。

衷心祈愿本书能为此做出些许贡献。

第一章
安全控制陷阱

当代日本社会的主流思想是希望通过控制来保证安全。因此，本章将首先对何谓安全控制进行说明，并对其存在的问题进行探讨。

为什么社会要以安全控制为中心

当机械/系统发生故障或事故时，应对方法大致可分为如下两种。

一种方法是增加机械/系统本身的强度或增强其能力，以"避免"在发生故障或事故时造成最坏的后果。比如加粗钢筋以提高建筑物的抗震强度，或者在汽车门上加装侧门防撞梁（安装在门内部的加固材料，以增加侧面抗碰撞的强度)。另一种方法是通过抑制机械/系统的运作,"尽量减少"故障或事故发生时的损失。例如,现在每家每户都安装了煤气表,一旦检测到地震或煤气异常泄漏,这种表就会自动切断煤气供应。类似的安全装置,还包括汽车的"防抱死制动系统"① 等。

在任何情况下,作为人类,都必然允许一定程度的意外或麻烦发生。不过,其前提条件或者最终目的,必然是避免造成重伤或死亡的严重伤害。

想更安全地使用一台机器时,如果采取前一种安全控制方法,对于需要补强的部分,显然很少会有人采取悉数更换的措施。一般来说,仅仅会像贴膏药或者打补丁一样,在既有框架基础上修修补补进行加固。这样做,不仅是因为其"便宜",还因为更快捷、更容易。然而,这也可能成为引发故障或事故的原因。

另外,如何选择通过后一种方法来确保安全呢?可以添加一些功能,比如预先设定某些条件,然后在满足

---

① "防抱死制动系统"(Antilock Brake System,"ABS"),其作用就是在汽车制动时,自动控制制动器制动力的大小,使车轮不被抱死,处于边滚边滑,滑移率在百分之二十左右的状态,以保证车轮与地面的附着力保持在最大值。——译者注

这些条件时自动触发紧急停止。如此一来，就能防患于未然，或者即使发生了意外，也可以减少损失。

具体来说，在这种情况下，就是建立一种机制，通过传感器随时监测机械/系统的状态，一旦出现异常情况，就能迅速察觉，并在发现异常情况时立刻停止运行。这样就不会造成太大的损失。通过这种方式来确保安全被称为"安全控制"。

日本近年来建立的所谓"安全社会"，实际上就是以这种安全控制机制为中心。这一路径选择，与计算机技术的进步关系密切。然而，为了实现安全控制，需要一种完全不同于原有机械/系统运行的装置，用来检测异常，并停止机械运行。随着计算机技术的发展，现在可以轻而易举地制造出此类装置。并且，亦可以很容易地将其附加在传统的工作模式之上，这甚至比强化机械/系统本身成本更低。因此，现在一般都采用控制技术来保证安全。

对安全控制的信任导致事故

通过控制技术来保证安全的方法本身不足为奇。但是,这种方法也有可能成为引发故障或事故的主要原因。

原因之一在于"附加设计"。附加设计是指在现有的机械/系统上,不断添加具有其他功能结构的设计方法。即使从局部来看,这种方法或许是最佳应对方式,但从整体来看,往往会产生预想不到的负面作用。为了解决一个问题而采取的某种机制,有可能会引发其他问题。在安全控制方面,为了安全而事后补充加装传感器的事例,可谓不胜枚举。

另一个原因在于制造、管理或者使用机械/系统的专业人士"对控制技术的过度信赖"。从其发自内心地确信"一切尽在掌握,所以肯定安全"的那一刻起,机械/系统就变得非常危险。此时,通过控制技术以保证安全的风险考量,业已荡然无存。

控制技术只能避免预先设想的风险。不需动脑就知道这是理所当然的事。但在安全控制方面,因为所谓控制装置是在预设风险可能会发生的时空条件或具体场景后,有针对性地制造出来的,所以当意料之外的事情发生时,可能完全无以应对。如果异常状况发生在传感器检查的死角,我们甚至难以察觉,完全被蒙在鼓里。即使能察觉到异常情况，如果一开始就不具备应对问题的功能，也只能干瞪眼。

而且，即使发生的是预想中的故障，如果因为某种原因，控制机制不能很好地发挥作用，也无从规避风险。又如，机械/系统按照预想发挥了作用，也有可能因为人为的预想之外的举动，导致安全无法得到保障。此类情况绝对称不上什么新鲜事，在实际发生的故障及事故中可谓比比皆是。

如前所述，成为"门计划"启动契机的自动旋转门致死事故，正是由于对附加设计和安全控制的过度信任而最终酿成惨剧的典型事例。

新闻媒体曾对这场事故的简单经过进行过相关报道。死于这场事故的，是殁年仅六岁的男孩。起初，男孩牵着母亲的手走着，但在靠近旋转门时，孩子突然松开手跑了过去，从入口一侧的柱子前设置的防跳安全栅栏左侧钻过，一个人进入门内。就在这时，男孩的头被即将关闭的旋转门紧紧夹住。

虽然发生事故的旋转门上设置了七个传感器，但还是没能保住男孩的性命。例如，设置在脚下的红外线传感器，在男孩以前倾的姿势进门时，似乎完全感知不到有人进入。另外，天花板上设置的红外线传感器虽然能感知高于地面八十厘米的异物，但为了避免在紧急时刻以外频繁启动，其初始设定有所调整，所以也没能感知到身高一百一十七厘米的男孩的不期而入。

不过，在这起事故中，就算传感器正常工作，男孩的死亡或许也是难以避免的。这款旋转门虽然设置了检测是否有人被卡住的传感器，却没有同时配置在感知有人被卡住的瞬间让机器马上停止运转的功能，这可谓附加设计本身隐藏的盲点或瑕疵。

夹人事故发生后开展的"门计划"调研活动，得到了事发现场大楼的所有者森大厦株式会社①和事故门制造商母公司三合门业株式会社②等相关方的协助。通过对于事故原因展开独立调查，作者发现了如下令人震惊的事实。

---

① 森大厦株式会社（森ビル株式会社），是创业于1959年的大型房地产开发、中介公司，主营都市开发、房屋租赁、物业管理等业务，仅房屋租赁面积就达到一百三十一万平方米。——译者注
② 三合门业株式会社（三和シャッター株式会社），是创业于1956年的大型电梯制造企业，后期经历多次合并重组并购。——译者注

在"门计划"中,作者采用与事故门相同类型的旋转门进行了夹住人体模型的模拟实验。图1-1是当时作为实验基础的状况设想图。实验的目的在于了解事故发生的瞬间依次发生了怎样的现象,从而量化受害者受到的伤害。实验结果表明,孩子被旋转门夹住瞬间遭遇的巨大冲击力超过五百公斤。一般来说,儿童的头部受到超过一百公斤的外力就会遭受致命伤。即便是成年人,在承受两百公斤的外力打击时,也会受到致命伤。也就是说,单纯从数字上判断的话,这款旋转门可以说是不折不扣的"杀人机器",风险性极高。

旋转门这种机械装置起初盛行于气候寒冷的欧洲地区。在这片区域,为了提高取暖效率,需要隔绝室外空气的涌入,因此气密性高的旋转门得到广泛使用。但是,引入日本后,旋转门在功能要求方面发生了很大变化。在日本,比起隔绝室外空气,应对高层建筑的所谓"烟囱效应"(室外气温低而室内温度较高时,由于压力差,风从外面涌入建筑物的现象),或防止因修建高层建筑导致高楼风涌入周边楼宇的要求显得更为迫切。同时,在日本,旋转门的外观设计也备受重视。

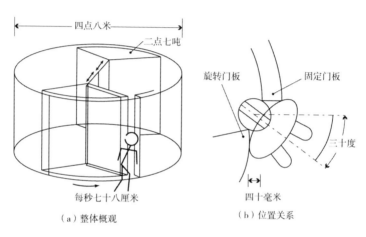

图 1-1 大型自动旋转门夹人事故状况设想图

为此，在日本，旋转门的材质从铝变成钢，再加上复杂的不锈钢装饰，重量显著增加，竟达到二点七吨，是欧洲同类产品重量的三倍。其结果就是，即便传感器捕捉到风险，也无法瞬间关闭旋转门。也就是说，在针对日本市场进行改良后，旋转门变成了一个危险的机器。这便是附加设计所带来的风险。

旋转门重量的增加，说到底是为了实现用户所要求的功能，并不是设计者故意这么做，或者偷工减料所致。从一开始，旋转门"不够轻就有风险"的相关的危机意识就没有传入日本。因此，通过附加设计进行日本式的产品改型时，谁都没有注意到"意外隐藏的巨大风险"。

如果旋转门的制造者、管理者或使用者事先知道存在这样的风险，孩子被夹死的事故或许就可以避免。即使不知道风险的具体内容，只要对其安全性抱持怀疑的态度，结果也可能有所不同。故障或者事故，都是各种恶劣条件叠加的产物。对安全性保持警惕，可以在很大程度上避免这些条件叠加。

反过来说，在所有人都缺乏安全风险意识的情况下，发生故障或事故的条件就更容易累积。这正是过度信赖安全控制给我们埋下的陷阱。

混在问题

另外,作为当今时代特有的问题之一,同种机械设备中,存在配备了安全控制功能与没有配备这一功能的机械设备混用的现象,该问题不容忽视。

防火卷帘门就是典型的事例。在很早以前,就不断发生因折叠提升式防火卷帘门操作错误致人被夹死的事故。卷帘门的下降速度缓慢,很容易让人产生没有那么危险的错觉,但实际上,普通卷帘门的重量足有两百公斤以上,如果被夹到,大人都别想逃掉,如果是孩子,几乎必死无疑。

由于造成儿童死亡的事故频繁发生,从 2005 年 12 月起,日本政府要求使用者必须承担起设置风险防范装置的义务。其结果是,此后日本境内生产的卷帘门都配备了安全控制装置。也就是说,如果有人被夹住,卷帘门就会感知到并停止运行。而以前生产的卷帘门并没有安装类似的感应器,所以不管有没有夹到人,都会继续向下运行。

也就是说，一旦有人被夹住，会出现防火卷帘门不再继续下降，或者仍然继续下降这两种可能性。

这样一来，对于知道被卷帘门夹住会有危险的使用者来说问题不大，但对于那些只是最近才接触卷帘门的人来说，只会认为"即使被夹住，卷帘门也会停止下落"，因此引发了新的风险。老式卷帘门因为不符合现有的标准，被称为"既存不合适"产品。本书第七章将详细讨论这个问题。

什么是控制技术

安全控制离不开"控制技术"。在这里，本书想重新探讨一下控制技术。现代的控制技术大致由"检测""判断""动作"三个阶段组成。

最初的"检测"，是指把握发生现象的阶段。一般来说，这个作用是由所谓的"传感器"装置来完成的。

接下来的"判断"，是弄清现象发展情况的阶段。在超过预先设定的数值（阈值）之前可以静观其变，但是，一旦超过阈值，系统就会自动指示机械设备采取规避风险的动作。这种结构被称为"逻辑"设定。

最后的"动作"，是实际应对阶段。这也是事先确定的程序。一般由被称为"调节器"的装置负责这个动作，主动启动、移动和控制物体。

控制技术本身的历史出乎意料的悠久，例如，用于发动机、电器设备的恒温器等关键零组件，利用的就是从十九世纪末开始就已经在日常生活中频繁使用的金属热胀冷缩的原理。

不过，虽被称作控制技术，但其在当时是无法控制极其细微的动作的，说到底只是利用了物理现象的控制系统而已。

从二十世纪七十年代中期开始，情况发生了巨大变化。"微机"的登场，让"检测""判断""动作"变得不再神秘，成为谁都能轻松驾驭的简单工作。这部分内容将在下一章中详细讨论。

"微机"，是"微型计算机"的简称。虽说是计算机，但它不同于家庭或办公室里的电脑，用于控制机器的是嵌入小小集成电路中的计算机系统。从中发出指令，让机器中各种各样的装置运转起来，这个装置也被称为"微型控制器"，也就是所谓的"微机"。

随着"微机"的出现，社会的安全措施转变为"以安全控制为中心"。通过"微机"，很容易就能建立起可以实现我们想要的功能的控制机制，这种机制在安全措施中也得到了积极的应用，通过控制技术来确保安全的方法变得更加普遍。

但与此同时，对附加设计和控制技术的过度自信等也带来了新的风险。由于出现了能够轻松完成指令工作的方法，尽管安全措施取得了飞跃性的进步，最终还是出现了一些全新形式的事故或者故障。而这就是我们这个社会所需要面对的现实。

本质安全和安全控制

先声明一下，本书的观点并不是否定通过安全控制来确保安全这一方法论本身。但是，仅仅依靠安全控制，并不能排除所有风险，因此作者主张"应该尽早停止过度信任"。

本来并不安全，但是如果我们在使用这些机械/系统时，坚持认为它是绝对安全的，就必然会发生故障或事故。如此一来所引发的损失当然会随着过度信任而增大，可能会导致无谓的人员伤亡等损失。所以，本书认为，必须警惕这种社会风气的蔓延。

那么，在新的风险产生的情况下，怎样才能防止因故障或事故而造成的人员重伤或死亡呢？最现实的对策是将"本质安全"的概念引入眼下以安全控制为中心的做法之中。

"本质安全"是一种让机器本身的工作在任何时候都朝着安全的方向发展的方法论。无论我们做了多少准备，总会有意想不到的事情发生，所以故障或事故绝对不可能变成零。但是，如果机器在任何时候都是出于安全考虑而设计的，那么即使发生了事故，发生人员重伤或死亡等致命伤害的概率也会降低。这就是所谓"本质安全"。

然而，在现实生活中，很少有机械/系统是按照"本质安全"的思维方式构建的。这是因为从设计者到使用者都过于相信"安全控制能够确保安全"，从而作出了避重就轻的方便选择（图1-2）。

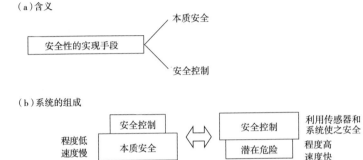

图1-2 通过旋转门反映出来的本质安全与安全控制之间的混淆

虽然建立本质安全机制较为困难，但并非绝无可能。在作者所学专业，即机械设计领域，存在一个公理：只要用户确定其所需求的功能和约束条件，就必然存在所谓的技术解决方案。虽然并非宣扬所谓"信者得救"的宗教口号，但如果你坚持上述公理，并且不断努力，就一定会找到想要的答案。要做的，就是仔细考虑你需要什么（功能需求），以及在实现这些功能时有什么限制。只要找到目标和限制，就一定能找到实现内在安全的解决方案。

在刚才提到的旋转门事例中，我们所要求的安全保障功能，是在与人类发生碰撞时，机器要么损坏，要么迅速停止运行，以便将撞击力度控制在不会伤害人类的范围内。还可以考虑建立相关机制来确保人类的生存空间。如果能落实满足上述功能的机制，那么即使发生事故，也可以避免有人严重受伤或死亡。

满足这一要求的旋转门的运行机制（结构）可能是，当有人被夹住，柱子或门就会自动破损。当然，这样一来，如果零件损坏且不及时更换的话，机器就不能继续使用，结果自然非常麻烦。考虑到这个约束条件，可以设想建构这样一种机制，通过抓取机制让旋转门的顶部折断，使人被夹住时能逃离巨大夹力的撞击，从而确保获得必要的生存空间。在人员撤离后，可以迅速将折断的部分恢复原状，从而保证旋转门能够立即重新投入使用。具有上述功能的旋转门可以确保本质安全，避免在发生故障或事故时造成人员严重受伤或死亡。

根据六本木新城事故调查的结果，本书作者和项目组同侪一起构想出上述计划。事实上，与此同时，事故门的制造商三合门业株式会社也在利用类似的思路改进旋转门的设计。巧合的是，彼此的想法如出一辙，或许理由就在于我们所假设的功能需求和约束条件基本相同。作者认为，只要从事此类研究，无论是谁都可以开发出本质安全的技术，也可以使用这种技术来避免致命的后果（照片1-1）。

三合门业株式会社根据本质安全思想开发的旋转门，已于2009年实现商业化。当企业产品发生质量事故时，制造商的态度通常是承诺遵守政府部门的指导和规章制度，并向公众展示反思的姿态，但在本书作者看来，仅仅如此根本称不上是正式的回应。反观本案例，三合门

即使被夹，也能通过门扇折断，实现本质安全

照片 1-1 三合门业株式会社设计的安全旋转门

业株式会社能够直面问题，从事故中认真学习，甚至改变了设计理念，开发出可以实现本质安全的产品，才算做到了社会所需要的真正的回应。

本书作者认为，这件本应被视为划时代之举的事情，却并没有得到社会的好评，甚至完全无人关注。实际上，费心费力生产出来的新型旋转门，在长达一年多的时间里，居然一台都没有卖出去。如前所述，旋转门是一种非常方便的机器，既可以解决高层建筑引发的烟囱效应，也可以防止因高层建筑的建成而引起的高楼风涌入周边楼宇。如此一来，冷暖自知。

如果机器是安全的，自然没有理由不对其加以利用。然而，日本社会的现实却是，一旦发生重大故障或惨烈事故，相关人员就会被贴上标签，无论再做什么，都会被忽视或失去信任。这难道不也是"绝对安全社会"所带来的负面影响吗？

另有他解

事实上，发生事故的建筑物所有者森大厦株式会社选择了与电梯制造商三合门业株式会社截然不同的解决方案。森大厦株式会社试图通过不再继续使用旋转门的方法，来抑制高层建筑引发的烟囱效应、提高建筑内的空调使用效率。

为此，森大厦株式会社与"纳博克系统"①、"纳博特斯克"②、"日本轻金属"③、"新日轻"④、"松下电工"⑤ 等企业合作开发了"超轻量多功能二重门"。

简单来说，这一创新构造的基本单元由两扇门和两扇门之间的进深一百五十厘米的除风室组成。如果从外面进入大楼，首先打开第一扇门，人进入除风室，第一扇门关闭后，第二扇门就会打开（人员一般单向流动，从外面进入大厦的单元和离开大厦的单元分开安装）。

门是自动四折门（类似于电话亭门），因为重量超轻，万一被夹住，也不会对人造成致命伤害。也就是说，

---

① "纳博克系统"（ナブコシステム），创业于1957年的一家建具工事、钣金工事业者。——译者注
② "纳博特斯克"（ナブテスコ），2003年合并设立的一家机械制造公司。——译者注
③ "日本轻金属"（日本軽金属），创业于1939年的一家大型铝金属及铝制品生产企业。——译者注
④ "新日轻"（新日軽），1986年从日本轻金属公司建材分公司分离组建的建材生产企业。——译者注
⑤ "松下电工"（パナソニック電工），1918年创业的松下公司的子公司。——译者注

通过轻量化实现了本质安全。

2008年10月，森大厦株式会社在上海刚刚竣工的高达一百零一层的世界顶级高层建筑①中就使用了这种"超轻型多功能双层门"。在应对烟囱效应、提高空调效率等方面取得了较好的成绩。从2010年2月起，矗立于六本木新城的"森塔"也将这一全新设计投入使用，再次佐证了上述关于功能需求和约束条件的公理。

从电梯事故看安全控制问题

2006年6月，在东京港区的公寓里，一名男高中生被厢式电梯夹死。在这起事故中，如果出事电梯具备本质安全的机制，至少可以避免男高中生死亡的情况发生。

新闻报道中记述了事故经过。遭遇事故的男高中生骑跨在自行车上，想从电梯里下来。这时，电梯在门开着的状态下开始上升，导致受害人的身体被轿厢的地板和外侧门的上部夹住，最后窒息而死。

---

① 即"上海环球金融中心"，位于上海市浦东新区，为地处陆家嘴金融贸易区的一栋摩天大楼，由美国与日本的事务所共同设计。——译者注

简单说一下厢式电梯的构造。最普通的牵引式电梯是用绳索吊着轿厢，另一侧的绳子的末端是被称为"配重"的平衡重量。然后，把轿厢的自重加上搭乘人或物品时的负重，与平衡重量之差的部分作为外部驱动力，使轿厢上下移动。这就是普遍采用的被称为"牵引式"厢式电梯的工作原理（图1-3）。

减速机、鼓式制动器、马达等连接在从上面支撑绳索的滑车上。制动器和马达由控制系统控制，鼓式制动器属于被动刹车模式。简单来说，只有在通电的时候制动卡钳才会打开，使轿厢上下移动。

发生事故的电梯，在制动器没有完全打开的状态下持续被施加驱动力，导致制动片部分磨损，最终造成制动器失效，事故发生时本来应该静止的轿厢却突然上升。平衡重量的配重，通常等于轿厢的自重加上额定人数（额定装载量）一半的重量之和。简而言之，当乘坐的人数不满额定乘员人数的一半时（大多数情况下是这样），在释放用于固定轿厢位置的力的瞬间，电梯会上升（而非下降！）。异常情况发生时，载有男高中生的电梯不降反升的原因，也在于此。

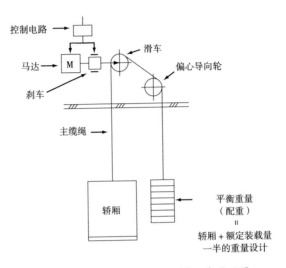

图 1-3 "牵引式"厢式电梯工作原理图

普通电梯除了使轿厢上下移动的驱动系统，还有一个叫作"紧急停止"的强行制动装置。当轿厢上下移动的速度大于规定值时，楔子会夹住轨道使其停止运行。该紧急停止装置由独立于驱动系统的调速器控制。也就是说，虽然通过控制技术确保了安全，但事故电梯似乎不具备使停止状态下的轿厢在意外缓慢启动时紧急停止的功能。男高中生的死亡，正是因为发生了预想之外的意外。

从电梯事故的历史来看，电梯发明之初的事故类型，多为缆绳断裂导致轿厢掉落。借由恐慌电影、动作片的渲染，恐怕很多人都曾产生过害怕电梯突然坠落的感觉。但是，发展到后来，电梯的系索材质从植物纤维变成高强度金属，以至于电梯轿厢坠落事故鲜有耳闻。尽管如此，直到最近，日本仍然固执地重视预防轿厢坠落的措施，而紧急停止机制只在发生事故时才会发挥作用。

但是在实际的事故案例中，制动器打开后，大多数都会像港区事故一样出现轿厢上升。如此想来，通过控制技术来确保安全是可以理解的，但不得不说，这个思路的前提存在纰漏。当然，即使采取了万全的对策，像这次事故一样，处于停止状态的轿厢意外缓慢启动的时候，也不会马上紧急制动。

因此，需要采取实现本质安全的对策。男高中生死亡的原因是电梯在门开着的情况下突然启动，这就是所谓的"开门运行"。通常，会设置防止这种情况发生的逻辑电路，通过控制技术来避免开门运行的发生。但是，如果发生意料之外的事情，上述功能也有可能无法发挥作用，因此，不应该使用控制技术，而应该通过增设机器部件的方式，创造出门开着的时候轿厢绝对不会移动的结构设计。

例如，可以把电梯轿厢内侧的门从平开门改成推拉门。在这种情况下，向建筑物方向突出并打开的门可以起到防止轿厢随意上下移动的作用，因此绝对不会出现开门运行这样的问题。或者即使是传统的推拉门设计，也可以设计一个机械锁定结构，确保门开着的时候轿厢永远不会移动。这估计也不会十分困难。完全可以设计一套装置，在轿厢门打开的时候，让支柱从轿厢里伸出来，嵌入墙壁上锁，借此防止出现电梯开门运行的可怕情况。

可能因为一些条件的限制，直接实现上述想法存在一定难度。但是，如前所述，只要确定了功能需求和约束条件，就一定存在设计解决方案。使用机械的机制实现本质安全并非不可能。不再仅仅依靠控制技术，而是采取本质安全的预防措施，就可以避免造成人员严重受伤或死亡的惨痛事故重演。

2009年8月，为了调查一起致人死亡的电梯事故，本书作者前往美国休斯敦实地调查。事故发生在2003年8月，死者是一名在当地医院工作的三十五岁日本男医生。当时该男子正在上班，想要乘坐医院设置的电梯，却碰巧被即将关闭的电梯门夹到。在这样的状态下，电梯轿厢开始上升，这位男医生被夹在轿厢内部的地板和外侧门板的上部之间，颈部被部分切断（图1-4）。

由于事故情况与此前发生在日本东京港区的悲剧非常相似，所以作者在实地走访之前就推测"原因可能是制动器故障"。在作者看来，这一事故亦可当成在日本还没有得到重视的"电梯出现故障后，是会向上移动的，所以十分恐怖"的另一例惨痛教训。

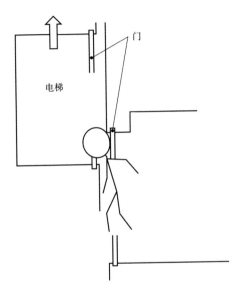

图1-4 休斯敦发生的电梯事故

47 　　但根据官方公布的调查结论,作者对事故原因的推测被证明并不正确。事故原因是电梯检修时接线失误。由于负责维护的工作人员错误连线,导致电梯控制系统无法正常运行,从而引发了夺人性命的重大事故(照片1—2)。

　　但这一事故也变相告诉我们,如果出事的电梯具备防止开门运行的机械结构,至少可以防止导致该男子死亡的事故发生。安全措施不能只是简单地运用控制技术,必须引入本质安全的概念。

48 　　此外,在休斯敦电梯事故调查过程中,本书作者还获得了关于风险的其他经验认知。相关内容将在本书第七章予以介绍。

本应连接C103的导线被错误地连接到了C105

照片1-2 错误连线的"证据照片"

(由遗属方面聘请的调查公司员工拍摄)

第二章
控制系统的失控

如前所述,我们的社会之所以会像现在这样,以"安全控制"为中心运转,皆拜微型计算机所赐。因此,本章将围绕微型计算机这一在谈论安全社会时不可或缺的主题,进一步进行探讨。

微型计算机的出现迅速改变了机械

如前所述,微型计算机是将程序编入集成电路中的电子计算系统。二十世纪七十年代中期,微型计算机问世,直到二十世纪八十年代才开始与机械结合,并作为一种"嵌入式系统"迅速普及。当今社会,从家电到汽车、飞机、工业机器人乃至医疗器械,微型计算机在各个领域均得到广泛应用。

微型计算机的出现迅速改变了机器的运作模式。例如，调节逆变器①快速地改善了家电的耗电量，是一种能使马达适应环境变化、正常运转的机械装置，但如果没有微型计算机，这一机能就无法实现。另外，减少汽车尾气排放、大幅改善燃烧效率也得益于微型计算机对发动机内点火时期和燃料喷射的精细控制。再加上微型计算机和油压式、空压式促动器②的组合，以往仅靠齿轮和凸轮等机械要素无法实现的复杂运转便成为可能。

微型计算机的出现，可以说给制造业带来了一场革新。日本在制造业领域最早引进了微型计算机，由此跻身世界一流制造业大国行列。

以前不可能实现的运转，利用微型计算机即可轻松实现。将计算机发出的指令的模式（逻辑）用程序制作

---

① 逆变器（インバータ），是把直流电能（电池、蓄电瓶）转变成定频定压或调频调压交流电的转换器，由逆变桥、控制逻辑和滤波电路组成，广泛适用于空调、家庭影院、电动砂轮、电动工具、缝纫机、电脑、电视、洗衣机、抽油烟机、冰箱、录像机、按摩器、风扇、照明设备等电器。——译者注
② 促动器（アクチュエータ），将输入的能量转换为物理动量的结构装置，是构成机电回路的机械部分。——译者注

出来，控制机器中各装置的运行方式，通过组合就能使其发生各种各样的运转。而且，通过液压和空压驱动，以前虽然有需求但在技术上无法实现的运转模式，现在可以通过逻辑组合轻而易举地实现。

另外，想要变更控制内容时，只需改写内置程序即可。虽然机器还是原来的状态，但是通过改写程序，可以让机器进行其他运转，或者附加新的功能。正因为有这样的便利性，微型计算机在实用化之后迅速普及。

微型计算机的出现也改变了安全措施。如前所述，控制技术所必需的"检测""判断"和"动作"三个阶段均可自由操控。以此为契机，安全措施也开始以控制技术为中心不断展开。

早期微型计算机故障

随着微型计算机粉墨登场，人类科学技术发生了天翻地覆的变化。与此同时，风险的性质也出现质变。在此，仅以汽车为例加以说明。

进入二十世纪七十年代以后，日本开始生产不需要离合器操作的自动挡汽车。到了二十世纪八十年代，随着微型计算机电子控制技术的进步，自动变速器实现了多级化、小型化，燃油效率不断提升。与此同时，自动挡汽车迅速普及，市场占有率超过五成。

在汽车不同的状态下，驾驶汽车所需要的力也完全不同。例如，从停止状态开始启动、从低速行驶到加速，或者在高速稳定行驶时，皆不相同。因此，为了舒适、高效地驾驶汽车，必须使发动机在各个阶段的动力传递方式达到最佳状态。为了实现这一目标，人们想到了利用齿轮控制发动机的旋转力，同时将力量传递给轮胎的机制。其原理与有齿轮的自行车完全相同——分别使用多个齿轮来增减轮胎的转速，增大或减小传送力。

在自动挡汽车出现之前，这项工作是由驾驶员自己操作变速杆和离合器来完成的。这就是"手动变速器"。过去作为主流汽车形态的"手动挡汽车"正是由此得名。

驾驶手动挡汽车的驾驶员，需要在驾驶过程中频繁切换挡位，相当麻烦。于是，便产生了根据驾驶状况自动改变变速比（发动机转速和轮胎转速的比率）这一装置的开发需求。因此，"自动变速器"以及"自动挡汽车"应运而生。

早期的"自动挡汽车"通过机械结构实现变速比的自动转换，其工作原理为利用流体力学的一种名为"液力变矩器"（トルクコンバータ）的变速器。液力变矩器是从通过油等物质传递旋转运动的"液力联轴节"进一步发展而来的装置，根据输入侧（发动机）和输出侧（轮胎）的旋转差自动发挥扭矩的放大作用。

能够通过液力变矩器进行自动换挡后，汽车驾驶体验发生了翻天覆地的变化。驾驶员不需要操作变速杆和离合器，驾驶活动变得非常轻松。不过，彼时使用机械装置的自动挡汽车也存在一些结构问题，其中之一就是能源的损耗——相较于同等手动挡汽车，约百分之十至百分之十五的能源被白白浪费掉了。另外，自动换挡时，液力变矩器的油温会显著上升，所以还需要配套冷却装置。

之后，在二十世纪八十年代末至九十年代，液力变矩器的运转也开始交由微型计算机控制。随着研究的深入，人们找到了在各种状况下的最佳操作顺序，并用"算法"（"逻辑"之意）将其定型。基于相关模型定式，微型计算机自动控制换挡，形成了舒适且能源效率最高的运转机制。

具体而言，微型计算机的作用主要是判断状况，并据此进行换挡操作。虽然这些工作以前都是人类亲力亲为，但将其交给微型计算机的想法不足为奇，因为微型计算机掌握机器的状态并随时做出最优选的能力远高于人类。更换挡位的判断和操作全部交给微型计算机，驾驶员的负担自然就会显著减少，得以将更多的精力转移到避免碰撞（其他汽车、行人）等风险上。这简直是能够想象得到的最佳解决方案。

话虽如此，在这里仍然要提醒读者诸君，不可过于相信微型计算机的控制。如前所述，当你觉得"交给机器就放心了"的时候，自动挡汽车就存在变成伤人凶器的风险。只有在现实完全符合编写程序时所设想的情况下，才能通过微型计算机控制实现安全高效的运转。一旦出现出乎预料的意外事件，机器会以怎样的方式运行？这还是个未知数。如果过于自信地盲目使用，就有可能发生意想不到的故障或事故。

现在很多人可能已经忘记了，在自动挡汽车迅速普及的二十世纪八十年代后半期，自动挡汽车突然起步引发的事故曾一度频繁发生。虽然汽车制造商当时给出的解释是"驾驶员操作失误"，但作者认为，所有的事故都用这样的说法来解释，未免有些牵强。在作者看来，众多事故中，至少有一部分可能是"设计者预计不足"导致的。

为什么会产生这样的想法呢？原因非常简单：如果所有的事故都是因为司机的操作失误，那么类似的事故应该持续下去，而此类事故现在鲜有发生，这就不得不令人生疑。当然，现在司机操作失误导致的事故还是时有发生，但数量已经无法与过去相提并论。这或许是后来汽车制造企业采取的安全措施发挥了作用，但即便如此，也不能将过去频繁发生的自动挡汽车失控事故全部归咎于"驾驶员操作失误"。

虽然作者没有直接调查过自动挡汽车失控事故，但从当时的情况来看，不难推测"可能是温度的变化造成的"。燃料燃烧时，汽车的发动机燃烧室温度极高。一个合理的推论便是：过高的温度是否会给微型计算机带来某些不良影响？

计算机系统本身并不耐热，温度升高时常常会发生预料之外的情况,这种现象被称为"热失控"。也就是说,自动挡汽车的控制系统发生了热失控,而热失控表现为突然加速,这就是作者所认为的自动挡汽车失控的事故原委。在引擎这一驱动系统和微型计算机这一控制系统之间存在着类似"隐形链接"的因果关系,作者推测,这可能是导致意外故障发生的原因(图2-1)。

从这个角度,也能很好地解释此类事故后来大幅减少的原因。汽车研发生产,被划分为"车身""行驶装置""动力装置""控制系统"等不同分系统。像这种"隐形链接"之类的问题,就属于纵向组织结构存在的弊端。但是,所有的汽车公司都拥有非常优秀的组织运营模式,因此这类问题不太可能发生,即使发生了也能及时处理。

以丰田为例,该会社通过指定"总工程师"这一主持汽车开发整体性事务的负责人,避免了纵向组织的弊端。另外,设置"大办公室",与开发相关的所有设计者都在一个大房间里工作,所以图2-1左边展示的分支结构组织末端的负责人之间也可以交流,彼此之间交流重要信息的渠道十分畅通。设计者不会因为被置于组织的

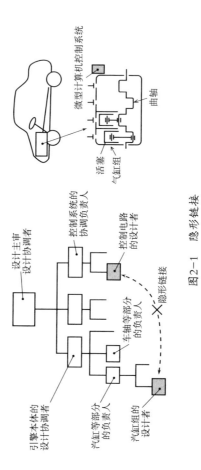

图 2-1 隐形链接

末端而被孤立，"只看到自己负责的部分"。所以，即使诸如上述"隐形链接"等问题，也能得以妥善处理。这与本田"畅所欲言式会议"的工作方法完全相同。

日本汽车之所以能拥有享誉世界的优秀品质，正是因为有这样优秀的组织系统。但是，即使这样也无法防止"原始设计漏洞"。特别是那些"隐形链接"之类的意外疏失——如果没有实际经历过故障或事故，就很难意识到存在这样的问题。即使拼命想要解决所有的问题，还是难免会有预想不到的问题出现。出现问题后，有些人会理所当然地指责"为什么没有预料到"，但这只是从结果论出发的指责，显然没有任何意义。

当然，经历过一次故障或事故之后，情况就可能发生根本性转变。即使"隐形链接"之类的问题，通过事故暴露（虽然没人希望发生事故），就会让开发者有所警觉，进而发现更多潜在的风险。如此这般，开发者就会认识到"存在隐形链接这样的问题"，从而重新审视整体；为了避免出现同样的问题而采取安全措施，亦在情理之中。虽然作者并不了解汽车公司的实际应对流程，但至少现在很少看到自动挡汽车失控事故，汽车公司的高效应对可见一斑。

话说回来,虽然作者曾经多次向汽车公司方面提出过上述假设,但从来没有得到过"这种假设正确"的正面回复。与之相对,从事汽车控制领域开发的半导体公司方面负责人士却对此表示赞同:"这是正确的看法。"

嵌入式软件尚不成熟

晚近,随着混合动力汽车的出现,汽车技术再次出现巨大变化。混合动力汽车拥有两套驱动系统:以汽油等为燃料的发动机和以电力驱动的马达。由于混合动力汽车的制造采用了与传统汽车不同的思维模式,所以驱动和控制等结构也截然不同。与以往的汽油车相比,其电子控制技术所占比重越来越大。

比混合动力汽车更先进的是电动汽车。虽然电动汽车刚刚在部分地区投入使用,但由于完全不排放二氧化碳,在未来必将成为行业主流。电动车时代,汽车将完全由电脑控制。因此,以编写控制系统程序为汽车设计重点的新时代即将到来。

其实，在家电领域，已经出现了这种情况。因为要想实现产品的功能，就离不开微型计算机的控制。像这样为了完成特定功能而被嵌入机器的计算机系统，就是本章开头提到的"嵌入式系统"。

嵌入式系统通过"嵌入式软件"（旨在实现预期运转）来发挥作用。从这个意义上来说，在微型计算机时代的产品开发中，嵌入式软件的制作占据了核心地位。但是，在如此重要的嵌入式软件的制作过程中，并不存在某种既定手法。不同的制造商根据各自的想法，分别开发制作了嵌入式系统和嵌入式软件。

也就是说，尽管普及程度已经相当之高，但嵌入式系统领域远未成熟。这意味着无论是硬件还是软件，都完全有可能遇到未知的麻烦，进而发生意想不到的问题，造成巨大损失。

例如，作者曾经从某汽车生产企业知情人士处获悉，该公司收到了其生产的自动挡汽车在驾驶过程中速度突然变快的反馈。但一开始根本调查不出原因何在。

之后反复进行验证实验，该企业终于查明了导致系统异常的罪魁祸首。那就是当汽车达到一定速度时，在一边踩刹车和油门,一边换挡这种特殊条件下,会出现意想不到的程序故障。类似的情况,在电脑游戏中经常能够见到——资深玩家往往会暗地开发出所谓"大招",就是通过使用连制作者都意想不到的方法,刷出全新技能,而这也是一种程序漏洞的产物。

当然,为了防止出现这样的漏洞,汽车生产企业会反复验证多次,但即便如此,仍有可能出现漏洞。截至目前,绝对不能说所有的问题均已被发现,今后应该还会接二连三地出现新的未知故障。

大规模集成电路的微小缺陷导致中央本线瘫痪

接下来要说的这件事,发生的时间稍微有些久远。1999年8月,日本旅客铁道株式会社负责运营的中央本线发生了系统故障。这些故障都是在预料之外的情况下出现未知问题的典型事例。①

系统故障的起因,是在某个道口发生的汽车轮胎脱

---

① 相关细节参见〔日〕畑村洋太郎:《失败学:不懂失败,你如何成功》,高笑颜译,江苏凤凰文艺出版社2020年版。——译者注

落事故。因为没有与行驶中的火车碰撞或接触，所以事故本身只是造成"打乱了列车时刻"之类的轻微影响。但受其影响，一连串的连锁问题不期而至，管理中央本线运行的整个网络无一幸免。中央本线的调度中心与各站点的通信中断，无法控制列车运行时刻表的变更。因此，上、下行线共计七十五列电车瘫痪，另外四十九列电车晚点，十二万四千人因此受到影响，这就是本次事故的大致始末。

后来，作者实地探访了位于"东京—田端线"的东日本旅客铁道株式会社指令所，向事发时值班的调度员当面求证故障的具体情况。他回忆，故障发生的时候，眼前显示器上的画面突然消失。在大约四个小时的时间里，发生网络故障的"藤野站"（位于神奈川县相模原市）到"荻洼站"一线相继处于无法控制的状态。一开始根本不知道原因，也不知道故障发生在哪里。受访者表示，"当时非常震惊"（图2-2）。

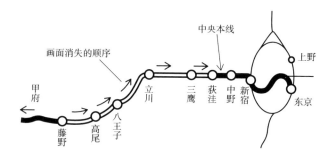

图 2-2 因大规模集成电路故障导致通信中断的东京中央本线

从结论展开分析的话，故障的原因是发挥控制作用的大规模集成电路存在制作缺陷。管理运行的系统非常复杂，网络系统包括通常使用的系统，也包括失效的情况下用于不时之需的备用系统。出于便利性和成本的考虑，开发者将上述两个功能整合进一套大规模集成电路芯片当中，却因此种下了祸根。故障的原因一开始就暗藏在系统中，但因为存在问题的是平时不使用的备用系统，直到道口的汽车轮胎脱落事故发生，备用系统实际投入使用时，问题才彻底暴露。

在创建系统的时候，一般采用的方法是逐步吸取过去的经验和教训，不断升级，使其渐趋完善。在这次事件中，制作者似乎认为自己制定了能够应对任何问题的"最好的设计"。但是，预想之外的问题发生后，平时从未使用的备用系统被投入了实战。而且，因为备用系统恰好隐藏缺陷，于是便发生了沿线车站的控制系统顺次失灵这一前所未闻的系统性故障。

引发问题的就是区区一块大规模集成电路。恐怕谁都没有料到是其中不常用的备用部分碰巧存在制作缺陷这种情况。"不可能的事情"在现实中的的确确发生了，给控制中央本线电车运行的庞大系统带来了巨大影响，而这条电车线路与日本首都圈居民的出行息息相关。

虽然损失如此之大实属罕见，但类似的故障或事故在任何机械/系统中均有发生的可能性。无论怎样多加注意，似乎也无法避免。无论是生产者还是使用者，与机械/系统打交道时如果不以这些问题可能发生为思考和行事的前提，一旦实际出现问题，就有可能遭受致命的伤害。

软件的黑箱化

现在的机械，通过微型计算机完成控制，似乎理所当然。微型计算机毫无疑问已经成为决定机械性能的重要因素之一。

说到技术的进步，人们往往只关注硬件技术。但是，用微型计算机控制机械的运转时，决定运转方式的是软件——稍有不慎，就会导致机械的使用丧失便捷性乃至安全性。因此，或许可以认为，机械的性能取决于设计者在考虑使用环境的同时，在逻辑构建方面绵密到何种程度。

如此说来，不难想象微型计算机的控制潜藏着多么大的风险。即使是硬件方面极其出色的机械，如果设计者开发的程序逻辑不够成熟，那么这台机械也只能做出粗劣笨拙的动作。而且，作者担心，此类机械的使用者也很有可能因此面临人身危险，或导致故障乃至事故。

微型计算机化始于二十世纪七十年代，而嵌入式系统则是从二十世纪八十年代开始普及。换句话说，嵌入式系统问世距今已超过四分之一个世纪。因此，现在的嵌入式系统，已经发展到了相当复杂的程度。

汽车的控制系统就是其中的代表。这一系统在解决了大量既有问题的同时，实现了相当程度的完善进化。但是，如此制作出来的控制系统，由于积累了大量过去的经验，内部非常复杂，一不小心就会招来意想不到的麻烦——毋庸置疑，对于缺乏相关知识的人来说，更是难以驾驭。

从一开始便深度参与嵌入式系统开发的设计人员，对其背后复杂逻辑的哪个部分是在什么样的限制条件下制造的，又是在什么时候发生了怎样的改变，或许称得上了如指掌。只要有这样把握整体流程的人，即使出现限制条件发生变化或者必须调整部分设计逻辑的情况，也能适当地加以应对。

然而，如果设计逻辑的调整不得不由缺乏深厚知识和经验的人来负责，就可能出现问题。在这种情况下，哪个限制条件是可更改的、哪个部分是绝对不能碰的，已经完全"黑箱化"，非专业人士根本无从厘清。这样一来，更改逻辑时发生意外故障或事故的风险就会上升。

刚才指出的问题，与几年前轰动日本社会的"2007年问题"如出一辙。所谓"2007年问题"，是指随着掌握熟练技术的研发中坚（即所谓"团块世代"）① 面临退休，人们担心企业的技术力量会因此衰退。嵌入式系统问世至今已经超过四分之一个世纪，曾经活跃在第一线的技术人员正在跟新的技术人员进行世代交替，这已成为相关领域的重要问题。

---

① "团块世代"（団塊の世代），专指日本在1947年至1949年出生的一代人，他们出生在第二次世界大战后出现的第一次婴儿潮时期。在日本，"团块世代"被看成二十世纪六十年代中期推动经济腾飞的主力，是日本经济的脊梁。这一代约七百万人自2007年开始陆续退休，大都拥有坚实的经济基础，同时也是一直以来最为引人关注的消费群体。——译者注

如果技术人员不够成熟，一不小心就会发生意外，那么只要没有大问题，就不会对既有设计逻辑进行大刀阔斧的调整，而是继续沿用。这也不失为一种应对之策。硬件只要持续使用，一定会坏，但软件只要使用条件不变，就可以一直使用下去。考虑到上述特点，不加修改地继续使用软件，当属很好的应对方法之一，作者将其称为"技术封印"。当然，如此一来，无法引进任何新的技术要求，也理所当然地成为挡在我们面前的拦路虎。

系统的老化问题

不过，就算是沿用以往可以安全使用的方法，也无法保证能够完全避免未来可能发生的风险。其中一个原因，便是硬件老化本身就存在导致问题发生的风险。不存在历久弥新的机器，只要是机械制品，用上几年就会出现这样或那样的问题。上述东日本旅客铁道株式会社面临的系统故障，可归因为大规模集成电路的原始设计缺陷，与此同时，由于硬件的老化，控制系统也有可能出现同样的问题。

老化会引发什么后果呢？嵌入式系统的普及已经超过四分之一个世纪，而长期使用会引发什么样的问题还是个未知数。相关问题只能在今后的实际经历中解决。

另一个令人担心的风险是软件本身老化所引起的问题。刚才说过软件可以继续使用，但前提是限制条件不变。如果作为硬件的机械和使系统运转的"操作系统"发生了变化，那么软件也不可避免地会受到一些影响。另外，就像曾经闹得沸沸扬扬的"千禧虫问题"一样，如果机械的使用环境与逻辑思考的前提存在巨大差异，就很有可能发生意想不到的问题。

所谓"千禧虫问题"，是指人们担心在迎接两千年的时候，之前以两位数字管理西历年的系统会不会把"两千年"误以为是"一九零零年"，从而导致系统无法继续运行。因为完全不知道会在什么地方发生什么样的问题，所以企业和政府部门为了避免发生意外故障，在事前会尽全力采取对策。这一举措奏效后，虽然没有出现给社会带来重大影响的故障和事故，但与此相关的微小问题还是时有发生。

以某个时期为界，软件的使用环境发生了很大的变化，不能再像以前那样使用了，这正是软件老化的表现。不仅是硬件，软件也存在老化的问题。而且，如果环境发生巨大变化，继续使用老化的软件会带来什么后果，实属未知之数。

为了更便捷、更安全地使用由微型计算机控制的机器，有必要实际体验相关故障，在学习之中不断进步。

第三章
"制造者"和"使用者"之间

72 在对机械/系统的认识上,由于"制造者"和"使用者"之间存在分歧,产生了各种各样的问题。"制造者"的思路与"使用者"的思路并不一致,而且,近年来这种分歧有愈演愈烈之势。因此,本章尝试对"制造者"和"使用者"之间暴露的风险加以反思。

制造者要负责到何种程度

73 机械/系统都存在使用寿命,此乃天经地义之事。根据产品或者使用环境等条件的不同,使用寿命也存在很大差别。虽然使用者并没有意识到这一点,但毋庸置疑,不管什么机械,都会在持续使用的过程中出现问题甚至彻底报废。

面对机械出现故障的问题时，使用者通常会面临"购买新产品"和"修理后继续使用"的选择。为应对故障，制造者通常会在销售机械时设置免费的"保修期"，因此，如果是存在"原始故障"的机械，可以马上进行修理并继续使用。不同产品的保修期长短不同，在日本，家电的保修期一般为一到两年，家具等非机械产品的保修期一般为三到五年，住宅的保修期最长为十年。

上述保修期，主要针对的是产品存在的原始故障。原始故障一般是由制造者生产缺陷导致的问题，因此厂家设置了这样的保修期，以便应对。保修期过后，大多数制造者都会为超过保修期的产品提供更换受损零件的收费服务。有了这项服务，坏掉的机械也可以在修理后继续使用。

不过，上述服务存在一定限制，并非永续进行。以家电为例，可以修理的时间是型号停产后的五到九年（根据产品种类不同而有所差别）。从保护消费者的角度出发,日本前"通商产业省"①,即现在的经济产业省,提出了"维修用性能零件的最低保修期限"的指导准则,这是制造者提供有偿维修服务时间的标准之一。制造者根据这一指导准则自行制定标准,决定零件的保修期限。因此,即使是停产的产品,也可以在一段时间内得到修理。

反过来说,这也意味着能够接受修理的时间是有限的,一旦过了这个时间,制造者就"不再承担责任"了。实际上,制造者将此作为自己负责期限的一个标准。但是,使用者中持同样想法的人应该很少。能否追究法律责任暂且不论,单就印象论而言,认为"只要产品存在,制造者就要一直负责"者大有人在。

最近,老旧电风扇故障引发的火灾正在增加。所谓"喷火电风扇"的使用时间几乎都在三十年以上。电视上也播放了利用三十年前生产的电风扇进行喷火实验的画面,给人们带来了极大的视觉冲击。从制造者的角度来

---

① "通商产业省"(通商産業省),是日本旧中央省厅之一,承担着宏观经济管理职能,负责制定产业政策并从事行业管理,是对产业界拥有很大影响的综合性政府部门。2001年1月6日中央省厅再编后,通商产业省改组为经济产业省。——译者注

看，生产电风扇的时候根本就没有考虑到使用时间会如此之久——三十年的时间显然已经超过了制造者应该负责的期限。话虽如此，如果真的发生了问题，按照现在日本社会的风气，"责任在生产者"之类责备厂家的声浪依旧甚嚣尘上。

这显然是过度追责。如果这种情况普遍存在，制造者就会面临极大的限制。这样一来，使用者所能得到的好处自然也会变少，因此，出现这种情况对双方来说都不是好事。

家电巨头松下以"存在事故风险"为由，从2005年开始回收1985年至1992年生产的特定型号（National FF式）煤油暖风机和煤油取暖器。在很长一段时间内，电视、广播等媒体到处都在播放松下投放的召回广告，所以反倒是很少有人不知道这件事。但即便如此，仍有部分产品未能成功回收，直到现在，松下还在持续进行着此项工作。

松下的召回产品存在的质量问题，可被视为制造者（厂家）负主要责任，而使用者也因此受到影响的典型事例。作者曾就这件事直接请教过相关人士。针对这一问题，松下为了对此前犯下的错误负起责任，决定"组建专门团队，持续行动，直到最后一台被回收为止"。

与此同时，以此问题为契机，以"不应该生产不能保证绝对安全的产品"为由，松下决定完全停止制造在室内使用明火的产品。

松下之所以如此彻底地清理积弊，大概是考虑到想要得到世人的认可，此举实乃必须吧。作者认为这确实是一种非常值得肯定的姿态。但平心而论，将犯错的制造者逼到这种地步，是否真的有利于社会整体利益呢？这不能不让人对此持怀疑态度。

例如，松下决定停产的在室内使用明火的产品中，就包括使用燃气的烘干机。但实际上，松下是日本国内唯一一家提供廉价（仅售五万日元）且优质的该类产品的企业。而随着松下的完全退出，人们只能使用国外生产的高价（售价最低三十万日元）产品。事实上，很多人都为今后将很难买到物美价廉的新款燃气烘干机而感到困扰。

"凋亡"的机械

只要用法得当,市场上买来的机械就可以用上几十年,这正是产品质量提高的结果。制造者不懈努力,却导致具有讽刺意味的反噬效应,即又制造了另一种风险,让其自身如履薄冰。

简而言之,机械的使用时间超过了制造者所设想的期限,就会成为严重的风险源。为了避免这种风险,必须考虑建立一种机制,让机械在超过一定期限后就无法使用。使用者往往无法接受制造者的说法——明明机械还能运转,为什么不能继续使用了呢?但如果不这样做,老旧机械引发故障乃至事故而造成的人员伤亡就无法避免。

例如,利用先进的控制技术,可以设定一个期限,到了那个时候便让机械"自杀",自动停止工作。为了让个体保持更好的状态,包括人类在内的多细胞生物,在细胞中会有进入某种状态后就自杀的程序预设,即所谓细胞"凋亡"①。这种思维方式可以被直接应用到机械设计上。

不过,对于"凋亡"的机械来说,有一条"通过改写程序来延长寿命"的捷径,有能力、懂技术的人可能会擅自对机械采取延长使用寿命的措施。因此,这种方法也很难避免风险。为了应对上述问题,可以建立一种机制,在某个时期由制造者回收已经售出的机械。但在这种情况下,需要建立溯源系统,实现对产品从生产阶段到流通阶段直至最终消费阶段或废弃阶段的信息追踪。

以刚才提到的松下为例,缺乏这样的溯源系统,产品回收工作变得非常困难,这也是一个教训。在改换名称之前②,松下原本设有一个名为"国民商店"(National Shop)的线下系列门店网络,专门为集团的产品进行促销。目前该功能已被新的"松下商店"(Panasonic

---

① 与细胞坏死不同,细胞"凋亡"不是一个被动的过程,而是主动的过程。细胞"凋亡"涉及一系列基因的激活、表达及调控等的过程。这并不是病理条件下自体损伤的一种现象,而是为更好地适应生存环境而主动争取的一种死亡过程。——译者注
② 2008年10月1日,日本松下电器产业名称正式更名为"パナソニック"(Panasonic)。同时"ナショナル"(National)商标在2009年废止,此后统一使用"Panasonic"。——译者注

Shop）继承。但当今时代，家电产品的销售中心已由个体电器店转移到大型量贩店，所以生产企业很难掌握是谁在哪里购买了产品。既然如此，为了随时都能应对产品回收等问题，企业仍需做好充足的准备。

值得一提的是，在工程机械领域，挖掘机、推土机等重型机械一般均安装了可以查询实时位置信息的"全球定位系统"（GPS），实现了可溯源性。这是为了防止失窃的重型机器被用于诸如破坏金融机构的自动取款机等犯罪活动，或者被转卖出口到海外而采取的措施。有些机器不仅可以被查到位置信息，还可以通过远程操作来使其停止运转。

在工程机械领域，"全球定位系统"之所以能够用于溯源系统，是因为产品本身的价格就比较高，这些费用可以很容易被包含在其中。而在价格远低于前述工程机械的家电上安装这样的装置，无疑较为困难。不过，随着技术的进步，若"全球定位系统"的单价能够进一步降低，或许有一天可以实现对部分价格相对较高的家电产品的实时定位追溯。

"使用者的问题"未能成为社会共识

正如本书开头所言,在"风险学项目"中,从"门计划"开始,研究人员持续使用假人进行各种事故的再现实验。此类实验的目的,是通过再现人受重伤或死亡的事故状况,调查机械和人类之间实际发生了什么。其中,使用传感器来测量冲击力的目的,乃是通过定量研究,具体揭示事故发生时的风险,借此引起人们的关注,并将实验得到的数据运用到安全措施中。

利用假人模拟事故的实验对象不断扩大,包括厢式电梯、自动扶梯、自行车碰撞事故,以及不久前完成的跳入浅水区域等还原实验。项目组还进行了机械式立体停车场的事故再现实验(照片3-1)。

虽然很少见诸报端,但实际上很多死亡事故都发生在机械式立体停车场中。最常见的事故是,因为不慎掉落了汽车钥匙或者其他杂物,结果不得不进入原本不该进入的地方,在这种极为危险的情况下,因为自己或他人不慎启动了机械,结果受害人被夹在某处。

照片3-1　机械式立体停车场的事故再现实验

此时，受害者翻越安全护栏进入机器中，在原本不应该进入的地方遭遇事故。在这种情况下，机器所具备的安全保障功能几乎派不上用场，机械制造者显然也只能望洋兴叹。

媒体很少深入报道此类事故，大概是因为事故因使用者自身的不当行为所致，很难作为新闻来处理。如果事故的原因是制造者的失误，媒体自然会连篇累牍地报道，要求追究其责任。但是，由于事故原因是"受害者自己的疏忽"，缺乏新闻爆点，或者考虑到详细报道"可能对受害者不利"，所以媒体很少加以报道。

与这个事例非常相似的"由于使用者疏忽造成的事故"其实比比皆是。例如，在工厂使用的货用电梯等地方，严重的人员伤亡事故也时有发生。但是，此类事故很少被媒体大肆报道。不仅如此，稍有不慎，事故的详细记录就会无处可寻。例如，如果在工厂的货运电梯中遭殃的是客户，而且还是个人经营者的话，就不会被当作工伤来处理，政府机关也不会记录事故的详细情况。

扶梯上的宣传活动

另外，人们日常使用的自动扶梯，实际上也发生过很多致人死亡的严重事故。但是，几乎所有的事故都是由使用者的疏忽引起的，所以相关细节不会被广泛传播到整个社会，而这也是类似事故反复发生的原因之一。从这个意义上来说，为了构建更为安全的社会，把发生在身边的事故信息以某种妥当的方式告知人们，可谓至关重要。

"风险学项目"曾针对自动扶梯，利用假人进行了验证实验，定量测量了跌倒时会受到多大冲击，还与制造者进行了讨论。例如，在车站站台，很多人乘坐扶梯时会在扶梯上走动，但从制造者的角度来说，自动扶梯本就不是为了人们在上面行走而设计的，因此，考虑到安全隐患，不推荐这样做。

为了避免乘扶梯时发生致命事故，最重要的是要抓紧扶手。参与讨论的项目成员——东日本旅客铁道株式会社认为"明明知道却放任不管是不行的"，于是从

2009年4月到6月，在其负责管理的自动扶梯入口开展了"大家一起抓紧扶手"的宣传活动。与此同时，该会社管辖范围内所有自动扶梯的刹车力改为之前的两倍，使其不易逆行，并且为了消除引起摔倒的不必要的急停现象，着手对自动扶梯进行改造，使其灵敏度较之前略微偏低。

除使用期限和使用者外，使用环境也存在问题

除使用期限和使用者外，机械/系统的使用环境如果超出了生产者的预设范围，也会造成故障或引发事故。

例如，快递公司使用的卡车如果持续行驶在山高坡陡的路段，发生故障的概率就会显著提高，这就是使用环境对机械造成不良影响的典型事例。

之所以卡车在崎岖山路持续行驶发生故障的概率变高，是因为制造者根本就没有考虑到卡车在山路上长时间行驶的情况。基于几乎相同的理由，因为重载导致被迫长期低速行驶的废纸回收厂家的卡车等，也容易发生故障。

从这个角度来看，不难想象，在核能、火箭等开发使用时间不长的尖端科技领域，肯定存在诸多风险。这里并不是说相关行业所使用的物质存在风险，而是指由于"经验不足"而发生意外。例如，在核电站的管道中偶尔会发生"应力腐蚀开裂"事故，至于在什么条件下管道会被破坏，截至目前，原因尚未查明。所谓"应力腐蚀开裂"，是指金属材料在容易腐蚀的环境中即使未受到很强的力，也会自然裂开的现象。

作者认为，要在某一技术领域积累足够的经验，得花两百年左右的时间。核能和火箭的研究最多只走过了五六十年的历程，所以并没有积累起充足的经验。通过实际经历获得的"经验知识"是避免风险所不可缺少的智慧，但在作者看来，人类在这些领域尚未积累足够的经验知识来应对所有可能出现的风险。

特别是在核能领域，"人们的不信任感"表现得尤为突出。关于这个问题，本书将在第五章详细介绍。作者认为，核能的安全性不被信任的背后，是人们对"核能领域的经验不足"的担心。没有任何解释可以消除这种不安全感,即使从事核能研究的人说它"绝对安全,无须担心",也会有很多人质疑:"这人是在撒谎吧?"

例如,工业革命之后,作为动力源使用的锅炉,发生了很多因蒸汽爆炸而造成人员重伤甚至死亡的严重事故。锅炉作为一种热源设备,将燃料燃烧时产生的热量传递给水,从而获得用作能源的水蒸气和热水。锅炉一度是非常危险的设备,但同时人们也认为这是"绝对必需的东西"。因此,当时的人们需要提高锅炉的安全性,然后继续使用。也就是说,增强防护,让锅炉变得如披铠甲一般坚固,借此减少事故的发生。

当时锅炉的安全率是"五"。这意味着可以承受预想负荷的五倍。普通机械的安全率大概是"三"。如此一来,就可以明白锅炉的安全率达到"五"有多么高了吧。安全率提高,机械就能在相对宽松的限制下使用,但也会因为变得笨重而增加成本,导致价格高企。尽管如此,当时的人们还是将"绝对不会引发事故"放在第一位,把锅炉的安全率设定得很高。

后来，"美国机械工程师学会"① 在1942年决定将锅炉的安全率降低到"四"。因为在实际经历各种事故的过程中积累了足够的规避风险的知识，人们断定在这些知识的保驾护航下，即使降低了一些安全系数，也能安全使用锅炉。顺便说一下，锅炉发展到这种地步，大概花了两百年的时间（图3-1）。

作者在第五章将详细叙述，核能领域的相关人员有必要从这个事例中吸取经验和教训。因为在核能领域，人们积累的经验尚浅，所以有必要一边大幅评估安全系数，一边保障安全，为此必须投入足够的成本。这样一来，就能做好应对目前尚未预料到的风险的准备。在如此周全的对策被民众广泛知晓的基础上，再说"所以核能是安全的"，方能服众。

当然，也存在即便如此也绝对不能接受的顽固群体。而且，作者认为由于这些人拥有强大的社会影响力，所以，核能领域的相关人员只能虚与委蛇。任由这样的状况继续，对社会没有任何好处。

---

① "美国机械工程师学会"（American Society of Mechanical Engineers，ASME），是成立于1880年的学术团体，目标是促进技术、科学、机械实践与多学科工程及其相关科学的发展。——译者注

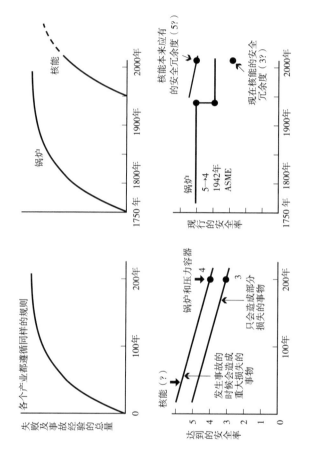

图3-1 技术发展与安全率——技术谱系中必须考虑的因素

远离现场的设计者

但是，如果机械的使用环境是故障或事故的主因，那么可以说制造者也有一部分责任。原因之一就是设计者的"预想存在纰漏"。从实际发生的故障或事故来看，如果设计者充分了解机械的使用环境，就可以避免很多故障或事故的发生。这样想来，在设计机械之前，设计者亲临现场，与使用者进行充分讨论，也是非常好的安全措施之一。

2006年6月，日本中部电力会社滨冈核电站五号机组发生了驱动发电机的涡轮叶片损坏事故。如果发电机的设计者亲临现场观察机械的使用环境和使用方法，本可以避免事故发生。

简单概括一下该事故的原委：通过蒸汽驱动发电机的涡轮叶片突然发生破损及出现裂纹等现象，导致整个发电系统紧急停止。在之后的调查中，北陆电力会社志贺核电站二号机组也发现了同样的异常，一时舆论哗然。

事故的原因被认为是制造涡轮机的日立制作所的"设计失误"。设计者以高速（最大输出功率）运转为前提设计了新型涡轮机，但实际上，发电站在电力需求很小的时候，经常进行额定阈值外的低速运转。也就是说，在设计者设想之外的状况下持续使用机器，造成预想不到的负荷，低速运转时产生的不规则振动促使裂纹出现，最终导致涡轮损坏。这就是事故的原委（图 3-2）。

顺便说一下，事故原因之所以被认为是设计失误，是因为设计者在设计时没有考虑到实际的使用方法。实际上，只要设计者仔细观察了现场的使用方法，就应该明白，发电站的涡轮机并不总是以最大输出功率持续运转。

但是，即便如此，将事故的责任全部推给设计者似乎也不太合理。例如，如果使用者精通机械，认识到持续低速运转是极度危险，或许就可以避免涡轮叶片出现损坏的情况。如果当初在设计阶段就向设计者充分说明这种使用方法，就会有不同的设计方案。本来核能发电就与一般的机械不同，操作者也是具有相应专业知识的

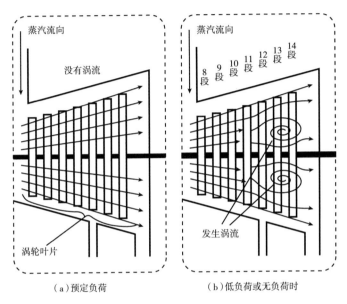

图 3-2 涡轮叶片事故发生机理

出处：科学技術振興機構「失敗知識データベース」

专业人士。考虑到这一点,作者认为很难将这个案例的事故原因单独判定为某一方的失误。

由于这次事故恰好发生在核电站,媒体也对此进行了报道,因此引起了巨大反响。其实类似的故障或事故随处可见。例如,日本各地垃圾焚烧处理厂出现的问题,究其根源,原理与此几乎相同。

地方政府在建造垃圾焚烧炉时,一般会根据对未来需求的预测来决定处理能力。但是,由于住宅区的开发延迟等原因,有时会出现投入使用初期实际处理量远低于预期的情况。乍一看,这是一件游刃有余的好事,但如果管理不当,在低于设计时认定的最佳运转范围下限时还继续使用焚烧炉,就会引起预想之外的麻烦。

比如,炉温不能充分上升,就会出现腐蚀现象,产生对人体有害的二噁英。另外,如果发生振动,而且出现腐蚀的地方碰巧是放大振动的谐振①点,炉子的寿命可能会比预想的要短得多。

---

① 谐振又称"共振",是指振荡系统在周期性外力作用下,当外力作用频率与系统固有振荡频率相同或很接近时,振幅急剧增大的现象。产生谐振时的频率称"谐振频率"。——译者注

在使用机械/系统时，偏离最佳范围的使用方法往往会引发故障。大多数人都会注意能力的上限，只要不是故意的，一般不会发生机械因为运转超过上限而受损的情况。相较而言，反倒需要注意的是，机械运转有最优的运转范围，低于其下限也会产生风险。如果抱着"大可兼小""使用时不超过设计能力就不会出问题"这样含糊的念头，不去注意"小"和"低"，往往会遭到意想不到的惩罚。

在机械可靠性较低的时代，使用者在使用机械时也会在一定程度上小心翼翼。但是，今时今日，随着机械的可靠性广泛提高，人们盲目使用机械的情况越来越多。因此，从设计者的角度来看，不正确的使用方法导致机械损坏的事例也在增加。

反过来说，现在的设计者需要做的是事先仔细观察使用者的使用方法。只要知道使用方法，判断可能出现的问题，排除这种风险就不是多困难的事情。"我设计得很好，剩下的就是使用者的问题了"，借由这样的口实逃避责任，无疑是无法被容忍的。

维护问题

出人意料的是,无论是"制造者"还是"使用者",都存在一个容易疏忽的地方,那就是维护问题。

经过正确的维护,机器就可以长时间稳定运行,这实属理所当然之事。汽车即使不保养,还是能开,但会运转不畅,容易引发事故或故障,寿命也会相应缩短。因此,需要花费相应的成本进行维护保养。

但是,很多人都对此熟视无睹,或者故作视而不见。亲眼目睹大量事故发生之后,作者对此深有体会。

2007年5月,位于大阪的世博乐园发生了过山车车轴断裂脱轮的事故。事故中,一名坐在倾斜的车厢里的女性,头部被铁轨旁边的扶手夹住,不幸身亡。这起事故的成因相当复杂——设计上的失误导致维护难度极大,螺母的固定组装存在问题,以及没有进行过实质性的维修……多种因素叠加在一起。虽然事故原因是车轴因疲劳损伤而折断,但只要保养得当,就一定可以防止事故发生。因为该事故,世博乐园入园人数锐减,于2009年被迫关闭。疏于维护在很大程度上成为压倒骆驼的最后一根稻草。

为了提高安全性而设立检车制度,这属于法律规定的义务。虽然社会中如此严格的义务要求相对不多,但从飞机到直梯、扶梯,针对人们日常搭乘的机械设备大多都存在类似的规定与限制。不过,在某些地方,这些规定也只是流于形式。过山车之类的游乐设施就是典型的事例。

积极推行安全管理的经营设施,运营者会制定严格的自律标准,并妥善地进行过山车的维护工作。话虽如此,遗憾的是,这种情况并不常见。在世博乐园发生事故的过山车,其设计本身存在问题,维护工作非常困难。在此基础上,只做文件上的形式维护,是不可能发现问题的。

图3-3展示了一般机械的故障发生状况。纵轴表示故障发生频率,横轴表示使用时间。机械一般在刚开始使用的时候故障多发,也就是之前说的"初始故障"。随着这类问题越来越少,在较长一段时间内,几乎看不到类似问题的发生。然后,从某个时期开始,问题会再次增多,这时的故障原因几乎都是"老化"。

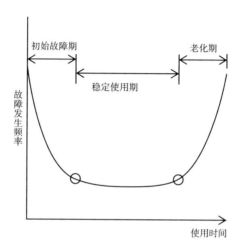

图3-3 产品故障的"浴缸曲线"

从故障多发点开始故障逐渐减少，长期保持几乎没有故障的状态后再次增加，这一走向的图示因其形状特点而被称为"浴缸曲线"。在诸如电梯等维护行业，就出现了一些独立维护公司，它们瞄准了"浴缸曲线"的低谷，以低廉的价格作为争夺市场份额的秘密武器，接单不断。此类现象相当常见。

"浴缸曲线"的底边是最能安稳使用机械的时期。即使让几乎不懂机械的人负责维护，也不会出现什么问题。因为价格便宜，所以将机械的保养工作交给独立的维护公司自然成为常态。但是，如果维护公司的保养工作不到位，机械老化的速度就会加快。

随着时间的推移，机械老化导致事故增加，维护费用也水涨船高。如此一来，廉价的独立维护公司就不会再接单。最终事故还是会发生。

要防止这样的事故发生，就不能只停留在形式上，需要对机械进行真正的保养。然而，这项措施似乎并不受欢迎，因为代价不菲。举个事例，如果想要好好维护一幢大楼，则在五十年的使用周期内所需的维护费用是建设成本的三倍（反过来说，只要花这么多钱，五十年后大楼依旧可以正常使用）。虽然机械的维护不需要那么多费用，但"购买后还要花很多钱"，这种负担对使用者来说不可谓不算沉重。

最近，特别是在分户出售的公寓中，居民的安全相关意识逐步提升，越来越多的公寓从一开始就制订了长期的维护计划，极力防止房屋老化。但是，作者认为，整个日本社会对于维护的重要性还没有达成共识。

在作者看来，日本民众对于公共设施的维护意识最为薄弱。本书第六章将会专门详细介绍公园里的游乐设施。这些设施由于老化严重，甚至有成为杀人凶器的可能，但就那么放置在公园里，无人过问。这恐怕和当地政府预算有关——安装费用作为预算的一部分很容易通过，但是维护费用却很难得到认可。

只要日常好好进行维护，即使是公园里的游乐设施，也能安全且长久地使用。从长远来看，这样操作的成本要低廉得多。在考虑各种物品的安全措施时，拥有这种重视维护的观念显得至关重要。

丰田遭遇滑铁卢

2009年9月,丰田宣布在美国进行其史上最大规模的汽车召回。该消息一时成为讨论话题。召回后免费更换踏板的车辆超过四百万台。随后,这一问题蔓延至欧洲。对丰田来说,此次召回可谓一次重大考验。

此次召回的起因,乃是导致一家四口死亡的丰田汽车失控事故。事故的原因被认为是脚垫卡住油门踏板,导致踏板无法复位。作者并没有亲自调查过该事故的真正成因,所以在此无法妄加揣测。但是,这一连串的事件与丰田的基本制造理念存在根深蒂固的关系。对此,下文将略加阐发。

汽车相撞导致死亡的事故在日常生活中并不罕见。丰田之所以在美国受到指责,并不是因为发生了这样的事故,而是因为其设计理念出了问题。如果油门踏板被脚垫卡住无法正常回位,随即踩刹车能够优先实现制动的话,行驶中的汽车自然能够安全停下。当上述误操作和失误动作引发问题时,保障安全的控制装置被称为"故障保险/安全装置"。然而,丰田汽车的设计却是驾驶者同时踩油门和刹车时不会优先刹车以保障安全,这一设计理念使其备受指责。

批评无疑是正确的。丰田应该也注意到了这个问题。令人感到奇怪的是,为什么这个问题到目前为止都没有得到解决?

对此,或许存在两种可能。其一,以某个时间节点为转折点,这一问题变得无人问津。其二,虽然很多人都注意到了该问题,但基于某些缘由,人们优先考虑的是这一问题无法解决的原因。

无论哪一种,都很符合丰田的固有风格。这家企业的强项在于对员工进行全程培训,与此同时,也导致所有人对事物的看法趋于统一。这从其代表性的业务改善手法——"要问五次为什么"中便可见一斑。

"要问五次为什么",指的是针对现场发生的各种问题,通过"为什么"这样的提问,拒绝敷衍了事,而是不断深入挖掘,寻找根本原因。这是一种非常优秀的考查方法,但同时也存在一个陷阱:如果最初的着眼点出错,就永远无法找到正确的答案。

使用这种方法的本意应该是"进行反思"。简言之,其目的就是反省自己的行为，仔细思考其利弊。通过连续五次自问"为什么"，不过是反思的过场罢了。

当然，在进行反思的过程中，也会深入思考更细微的部分。但是，如果不从其他角度重新审视更宏大的整体，就无法发现以前没注意到的东西。如果没有宽广的视野，就无法发现重大遗漏。丰田方面可能就是因为掉进了这个认知陷阱，才会一叶障目、舍本逐末。

也有可能的是，尽管很多人都注意到了，但因为其他各种各样的事情需要优先解决，所以故意不去解决上述问题。实际上，包括丰田在内的日本汽车生产企业都曾经有过类似这种有意为之的经历。为了确保车门强度足以应对侧面撞击，汽车生产企业往往使用一种被称为"侧面防撞梁"的加固材料。但因为加入这些材料会提高制造成本，所以汽车生产企业只在出口的汽车中加入相关材料，而在内销车型中则没有配置。

虽然都说丰田的企业文化倾向于对事物看法的统一，实际上，丰田的企业文化中也存在培养拥有不同视角的人才这一面。它们不会排斥持不同看法的人，反而会积极支持这些持不同意见者。这也是丰田的强大之处。即使遇到再大的问题也能克服，可能正是因为它们有着这样的底气吧。

但是，一味地模仿丰田是行不通的。如果使用丰田式的改善手法，发现越来越多的细节，就有对整体问题置之不理的风险。要避免落入这个陷阱，需要保持警觉。不仅要挖掘问题，更重要的是要具备从各个角度深入审视问题的观念。

丰田召回事件中体现的"制造者"与"使用者"之间的变化

丰田的召回事件还波及其主力车型"普锐斯"。2010年2月，丰田宣布召回包括2009年5月开始销售的新款（第三代）普锐斯在内的四款车型。此次召回是因为该车型在雪道等地低速驾驶时，一旦踩下刹车，防抱死制动系统启动后，会出现刹车失灵的问题。

正如本书第二章所述，混合动力汽车是电子控制技术集大成者。这次出现问题的刹车和防抱死制动系统也是通过电子控制完成的。特别是混合动力汽车，除了原有的油压制动器，还将马达用作发电机，通过将动能转换为电能来减速。由于同时使用了减速的再生制动系统，因此这类汽车的控制系统随之变得异常复杂。

对于此次召回事件，有人认为"丰田制造了缺陷产品"，但作者感觉这种说法有些吹毛求疵。召回后，丰田的处理方法似乎是改写电子控制部分的程序。也就是说，问题是如何用软件系统来控制整个机器的运行。人们认为，这一问题的本质，是"制造者"和"使用者"之间的观念产生了分歧。

例如，在突然刹车好还是稍微慢一点刹车好的问题上，不同的用户会有不同的感受。发现问题后，丰田负责人在记者招待会上说的"感受问题"，其实说的就是用户的感受问题。如果因为缓慢地刹车就说它是"缺陷品"，反而会让人看不清问题的本质。

但与此同时，作者也认为，丰田负责人发言中提到的"感受问题"体现了这家企业现在所面临的问题症结。

从很早开始，日本的汽车生产企业就会在推出新车后，一边收集用户的意见，一边逐渐加以改良。当然，在推向市场之前，一般会进行彻底的验证实验，以确认是否存在问题。但即便如此，很多情况下，使用者的不适应感只有亲身体验过才能知道。特别是电子控制系统问题，由于太过复杂，需要先试着找出，然后听取各方意见，才能慢慢改正。从这个意义上来说，以前的"制造者"和"使用者"在汽车制造上都会获得参与感。

如果这次事故发生在1985年，应该不会成为太大的问题。那是因为使用者也能感受到刚才说的那种参与感。这种社会风向从1995年前后开始慢慢发生变化，其中起决定性影响的是2000年和2004年被公开的三菱汽车隐瞒召回事件。自此之后，全社会被灌输了"制造者会说谎、会杀人"之类的观感与印象。结果，一方面制造者失去了人们的信任，另一方面制造者的想法发生了很大改变，即一开始推向市场的就应该是完成度极高的产品。

但是丰田负责人的"感受问题"和"只要用力踩了就一定会停车"等发言，体现了他们对于"制造者"和"使用者"二者的关系已经完全改变这一事实缺乏决定性的认识。高层的反应迟缓自不必说，"制造者"的这种认知偏差，也催生了社会对丰田的不满。

第四章
人间凶器

本书就现代日本社会存在的风险进行了讨论,话题围绕人与机械/系统的关系展开。但是,有时人本身就是一个非常危险的存在,本章将就此进行讨论。

当人成为凶器

人成为凶器,并不是说他们挥舞着刀具,或者拥有如职业拳击手般的铁拳。有时一个完全没有恶意也没有犯下任何错误的人,他的某些行为或身体举动也会"杀人"。

代表性的事例就是"踩踏事件"。"踩踏事件"这个词语相对较新,可能还不为人所知。但此等导致成人死伤的事故，从古至今时有发生。

说到人群聚集的场所容易发生的风险现象，恐怕"多米诺骨牌式摔倒"更为大家熟知。一般来说，当每平方米人口密度为三至四人时，就容易发生接二连三摔倒的现象。而踩踏事件发生的条件是每平方米人口密度达到十人以上。在如此密集的状态下，人们会成片摔倒，伤亡情况比多米诺骨牌式摔倒要惨重得多。

顺便说一下，在日本，有记载的伤亡最大的踩踏惨案，是1956年1月发生在新潟的弥彦神社踩踏事件。此次事件中共有一百二十四人死亡，七十七人受重伤。近些年发生的严重事件如2001年7月兵库县明石市的天桥事件，共造成十一人死亡，二百四十七人受伤。

2008年8月，东京江东区的东京国际会展中心发生了电梯逆行事件。具体情况后文详述。作者认为，在这起事件中其实也发生了踩踏。所幸无人死亡，仅有十人受轻伤。

踩踏事件反复出现，主要原因还在于大家不知道导致事件发生的机理，更不清楚规避风险的方法。大部分人都知道人群聚集的地方较为危险，但几乎没人知道具体是怎么个危险法。所以，某个地方发生事件时，大家虽然短暂地关注了一下，时过境迁后，又将风险因素抛之脑后。凡此种种，才导致悲剧反复上演。

为了防止此类事件再次发生，大家需要掌握与风险相关的知识，让其随时可以发挥作用。比如，众人聚集的场所存在什么样的风险？为了避免产生危险，应该注意哪些方面？可以想见，如果民众知晓此类常识，就可以防止踩踏事件的发生。把相关风险知识作为整个社会的共同智慧，也正是基于这个道理。

踩踏事件的发生机理

那么，踩踏事件到底是怎么发生的呢？这里以弥彦神社踩踏事件为例加以说明。

踩踏事件一般发生在多人争先恐后向一个方向移动的场所。引起一百二十四人死亡的弥彦神社踩踏事件也是这种情况。惨剧发生在日本新年（即公历 1 月 1 日）的午夜零时，人们为了参拜神社聚集在一起。

根据当时的新闻报道，事故情况可以简单概括如下：

神社院内参拜的人正在进行迎接新年的撒年糕活动，很是热闹；因此，院内聚集了很多人，前殿的状况非常混乱。总共由十五级楼梯组成的石阶顶部栅栏因人群挤压而损坏，导致人压人，参拜者倒在一起，出现了大量人员伤亡。

2008年，作者为了勘察事故现场，专门拜访了事发地——弥彦神社。此前，作者对于此次事故的了解停留在当时的新闻报道，只记得很多人从台阶上摔下而死亡。在接触风险学项目后，作者才意识到发生的其实是踩踏事件。作者想一边勘察事故现场，一边思考在什么地方发生了什么事，以亲眼确定实际情况。

实地调查过程中，作者有幸采访了事故发生时在场的两位亲历者。调查初始，作者便了解到与以往新闻报道稍显不同的状况。据目击者反映，当时人们因期待新年例行的撒年糕活动，蜂拥而至，但事故真正发生的时间是在撒年糕活动结束后——活动结束后打算离开院子的人群和认为"一定还会再撒一次年糕"而想留在院内的人群交错，现场十分混乱。

向作者讲述事发经过的一位男子也在人群中被卷入

了事故。他说，拥挤状态下，感觉就像身体飘浮在空中。这种状态下，会不受自己意志控制，突然感觉身体被带着走，不由自主地移动，回过神来以后，已经和周围的人堆在一起躺倒在地。

男子的叙述，充分描绘出踩踏事件的特征。在混乱的院内行走时，有身体飘浮在空中的感觉，这正是踩踏事件的前兆。人上半身的体积比下半身要大，所以在人群密集的场所，就像把上半部粗的楔子排列在一起从侧面挤压一样，身体会浮在空中（图4-1）。

这个原理跟建造桥和隧道时运用的拱桥原理完全相同。将部件组装成拱形后，由于自重而向下的力被转换成对两边部件的横向压缩力，传递到拱状的两端支点。所以，拱形桥和隧道等看起来像是把很重的部件摆在两边的不稳定形状，实际上绝不会坍塌。

在人群密集的状态下身体会浮在空中，也是拱桥原理在发挥作用。这个原理发挥强烈作用的标准是每平方米人口密度为十人以上。人数增至十三人以上时，发生致死事件的可能性会显著增高。这么说来，拥挤的通勤地铁也会呈现一种风险状态，但因为地铁里的人群不满

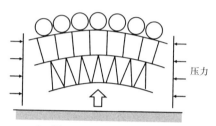

达到每平方米十人后就会发生
拱桥作用：脚浮起
群体事件：
每平方米五人："危险"，有发生多米诺骨牌式摔倒的可能性
每平方米十人："压迫"，有发生踩踏事件的可能性
每平方米十三至十五人："致死"，有发生致死事件的可能性

图 4-1 踩踏事件的原理

足"某个空间中两个方向的人群相互冲撞"这一条件，所以在地铁里发生踩踏事件的可能性很低（但如后所述，地铁中存在其他风险）。

在多人聚集的场所，人与人之间互相碰撞会产生压力。这个力会随着拥挤程度的增加而变大。在这种状态下，如果某处出现了空隙，压力会一下子涌向这一空隙，就像冲击波划过一样。于是，很多人被推挤在空隙中，而这正是踩踏事件的发生机理。

引发踩踏事件的空隙被称为"崩塌空隙"。在弥彦神社踩踏事件中，据说栅栏的损坏形成了崩塌空隙，但这似乎是后来的解释。一开始空隙是从哪里产生的，我们不得而知，但确实是人摔倒后形成的崩塌空隙诱发了踩踏事件。由此产生的冲击波向四周发散出去，其压力直接压倒栅栏。

发生踩踏事件时产生的冲击波非常可怕，横向挤在一起的人群会直接滚落，堆积的人群高度可能比普通人身高还要高。这就像一群人挤在一起，然后一下子倒在一边（图4-2）。

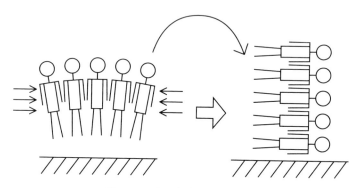

图 4-2 踩踏事件的发生机理

人的肋骨受到强力挤压后，肺叶因不能活动而无法呼吸，其压力标准是超过自身体重四倍。总而言之，如果倒下的人群重量超过这一阈值，被压在下面的人就有生命危险。

刚刚提到的那个男子便因为倒在了人群中而无法呼吸。他位于底部第二三层的位置，他之所以能够活下来，是因为在踩踏事件发生前，他在人群密集的状态下感到痛苦而想要离开，正好双手高举。事故发生后，周围的人迅速展开了救援。有人抓住了这个男子在堆积人群中伸出的双手，将他拉了出来。因此，他才奇迹般获救，没有被活活压死。

顺便提一下，据说男子被救出后，他倒下的地方没有塌陷，而是出现了一个和他自己形状相同的孔洞。在这个洞的里面可以看到被救时滑落的长靴，而他还可以伸手从洞里将靴子取出来！当时的拥挤状态可见一斑。虽然这位幸运的人没有罹难，但也因此腰部骨折。虽然距今已过了半个世纪，但每到冬天，旧伤复发，他还是会疼痛难忍。

一开始就不往人堆里凑

在弥彦神社进行实地调查时,我们了解到,另一名女性目击者虽然也在现场,但她因为听了周围人的劝告而免遭此难。当时,这位女子与朋友一起拜访神社,但在人群中与朋友走散。当时她正身处发生事故的山门附近。周围有人说"太挤了,很危险,从旁边的路回去吧",她听从劝告回到家后,从广播中得知发生了事故。多亏听了劝告,她才躲过一劫。

该女性目击者讲述的字里行间,隐藏着踩踏事件中规避风险的必备智慧。总而言之,就是"远离危险场所"。

一旦进入满足踩踏事件发生条件的人群就很难离开。即使中途察觉到风险也无法抽身,更可能会不受自己意志控制而被带到更为危险的境地。为了避免卷入危险,大家最好不要靠近人多拥挤的场所。

实际上,遭遇"明石天桥踩踏事件"的幸存者也表达了类似的感受。作者也去事故现场实地调查过。正好有位熟人侥幸从事故现场逃出，用他的话说，事发时，不知道为什么，感觉天桥周围的空气极其稀薄。"我觉得太危险了，想快速通过，于是为了远离人群而步行到下一个车站。"

明石事故发生在暑期的烟花大会，当时周围的人特别多。事发地天桥与"山阳本线朝雾站"以及烟花会场所在的大藏海岸相连（照片4-1）。

事发的地段属于公路，只有警察才能进行交通管制。所以，烟花大会结束后，从会场离开的人流迎头撞上了涌向会场的人流，天桥变得十分拥挤。有人推测，是个别行人的跌倒导致了这场大规模踩踏事件（图4-3）。

在朝雾站出口处就开始出现人头攒动、摩肩接踵的混乱状况。也就是说，下了地铁要出站的人们即便觉得挤，还是顺着人流走了出去。有条路与通往烟花会场的天桥恰好相反，但要多走一千米，再加上绕路的指示没有做到位，所以大家即便觉得危险，还是走向了天桥。也有人认为，燃放烟花的会场面积预计只有二万二千平方米，根本无法容纳十万至十五万人。

照片 4-1 发生事故的天桥

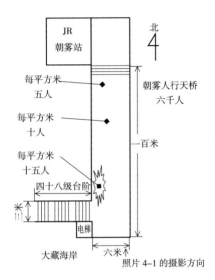

图4-3 明石烟花大会天桥事故

顺便提一下,明石事故的伤亡情况也明显体现出踩踏事件的典型特征。我们查看了逝者的情况,发现其中两人为七十岁以上的老人,其余九人为小学生或更小的孩子。而且,伤者中七成为女性。也就是说,伤亡者多为老弱妇孺。

总体上,老人、孩子和女性与成年男性相比,体力更弱,一旦被卷入踩踏事件就容易有生命风险。上文曾提到,当人的肋骨遭受强力挤压,肺叶就会无法活动,无法呼吸。产生风险的压力阈值是体重的四倍,单纯从计算的角度来看,体重轻的孩子风险显然更大。假设孩子的体重为二十千克,只需要一个体重八十千克的大人压在上面,孩子就可能因无法呼吸而窒息死亡。而且,老年人等体弱人群,其保护肺叶活动的肋骨周边肌肉也比较脆弱,产生风险的阈值有可能比"自身体重的四倍"这一标准值还要小。

事实上,本次烟花大会的会场随后被用来举办迎接2000年的千禧年活动。当时也是很多人聚集在一起而发生了踩踏事件,导致有人受伤。这次活动一直持续到12月31日深夜。外界普遍认为,之所以没有造成人员死亡，是因为参加者都是身强力壮的年轻人。

从这个角度，再来看一下 2008 年在东京国际会展中心发生的扶梯逆行事故，就不难理解为什么发生了与踩踏事件相同的现象，却只造成十人轻伤。作者后来也到事故现场勘察。事故现场的扶梯很长，横跨一楼到四楼，宽度均为一米。事故发生时，聚集在一起的人群正准备参加一个由模型制作商举办的"手办模型展"活动。据说，会展中心一开门，他们就冲向自动扶梯。行驶中的自动扶梯因超重而停了下来，紧接着因超重而开始反向逆行。从事故录像中可以看到，同一节扶梯最多站了四个人。据估算，当时扶梯上的乘客重量是载重上限的两倍，所以，发生逆行也就不足为奇了。

发生踩踏事件的具体位置，靠近扶梯下方入口。在这里突然遭遇扶梯逆行而想折返的人流，与对此毫不知情而想要搭乘扶梯的人流迎面冲撞。在这种情况下，随着扶梯逆行，人们一个接一个地堆积在倒下的人身上，看起来就像发生了踩踏事件一样。幸好当时参加活动者大多是年轻力壮的男性，所以没有出现重大人员伤亡。

设想一下，此次事故如果有很多身体羸弱的孩子和老人在场，伤亡情况恐怕会大不相同。所幸这次事故没有造成重大人员伤亡，但这也只不过是碰巧运气好罢了。

没有人会关注那些没有造成严重伤亡或死亡的事故，所以包括事故发生机理在内的信息也不会被广泛发布。东京国际会展中心事故的后果不太严重，给人的印象是甚至现象本身都没有得到准确了解。大家完全无视这一问题，大众视野范围内压根没有出现踩踏事件这档子事，更别说去确认其是否发生了。

也就是说，没有发生人员伤亡的普通事故，很快就会淡出人们的记忆。对于发生过的事故完全不吸取教训，这难道不是在为下一次惨痛事故铺设温床吗？

满员电车是一个温度场

从人员过于密集这一点看，拥挤的电车也相当危险。但电车中的拥挤是大家站着不动的，所以好像很难引起踩踏事件。至少车辆在行驶期间，处于完全封闭的状态，很难产生崩塌空隙，所以可认为几乎没有发生踩踏事件的风险。

话虽如此，也有必要知晓，满员电车除了引发踩踏事件，还存在其他风险。那就是聚集的人群散发出来的热量所带来的风险。因为电车是封闭状态，这种热量可能会导致乘客周围的温度急剧上升。

假设一个人一天消耗的热量为二千四百千卡，换算一下，每小时消耗的热量约为一百千卡。这个发热量与一百瓦的电灯或电热器差不多。假设满员电车的人口密度为每平方米十人，这就相当于十个一百瓦的电灯或电热器在持续发热。

实际上，满员电车所载人数要多得多，这就好像许多电灯和电热器被紧挨着放在一起。这正是即使在寒冷的冬季，拥挤的电车里体感温度也会急剧上升的原因。

温度上升时人可能会感到不适。体感温度超过四十度后不适感就会非常明显，体质弱的人会因为温度耐受问题陷入休克。实际上这种事很少发生的原因在于公共交通工具会开空调给拥挤的车厢降温，防止温度急剧上升。如果不这样做，满员电车将会变成极为危险的温度场。

即使在寒冷的冬天，也会实施相关降温措施。铁路公司之所以普遍采取此类做法，只是因为它们已经认识到人类在人口稠密的情况下扮演发热器的角色，并且已经建立了一套风险规避方法。要想切实规避风险，就必须以这样的姿态加以应对。

单单说"太危险了，要当心"，只是口头对策。真正应对风险，需要从对"微观机制"的了解着手。如果根本不清楚我们不希望看到的风险的形成机制，当然无法构想出有效的对策。

重点在于让大家了解发生风险时的状况。为了把这些与风险相关的知识转化为社会公共智慧，作者认为，风险学项目中事故的再现实验不可或缺。

自行车盲点

就我们人类自身也会成为凶器的问题，上文列举了压力和温度引发风险的事例。最后，再来思考一下另外一种由动能引发的风险。

顾名思义，动能就是运动中的物体具有的能量。当然，动能越大，风险就越高。比如人与人发生碰撞，行走时和跑步时所受到的冲击力是不一样的。跑步时动能更大，撞击时的冲击力必然也会变大。

在现实生活中，人与人相撞的事故很少发生。因为只要不是运动神经特别迟钝的人，面对危险时都能立马躲避。躲避不及者，往往是因为其运动方式本身就产生了极大的动能。因此只要不是在能见度低的地方相向而行，就不太可能发生人与人相撞受伤的事故。

人在乘坐某种机器移动时动能也会变大。典型的事例包括汽车和摩托车。这些交通工具的危险性已被世人熟知。由于有关风险的知识已经成为社会公共财产，基于此制定了交通规则，规定只有具备一定技术和常识的驾驶证持有者才能驾驶相应的交通工具，从而减少了风险。而且，最近强化对酒驾、醉驾处罚的措施得到了社会的支持，这也进一步降低了风险。

移动物体产生的动能要高于人在走路和跑步时的动能。骑自行车也属移动动能。但关于自行车的风险常识还没有被社会熟知。自行车不需要驾驶证，即使技术不娴熟或者不懂交通规则也可以骑。有时可能会因为太莽撞或不小心而撞到行人，甚至可能会致人受伤或死亡，因此，绝对不能掉以轻心，觉得"只是骑个自行车而已"。

图4-4是基于日本警方发布的自行车碰撞行人的事故而进行的统计。从图4-4可以看出，自行车碰撞行人事故呈逐年上升的趋势。同一时期，少的一年有一人，多的一年达到八人，虽然人数不多，但每年都有人因此死亡。

与汽车不同，很少有警察去处理自行车事故。图4-4中的数字只是冰山一角，实际的事故数量要多得多。

作者也经常能听到"被自行车撞击后遗症非常严重，因此苦恼不堪"等抱怨。

老年人遭遇自行车撞击后出现严重伤亡的情况较为明显。人上了年纪后反应神经迟钝，躲避风险的能力随之下降，而且体力变弱，即使轻微撞击也可能会导致受伤严重。也就是说，老年人遭遇自行车事故的概率较高，受到的伤害更大。

越忽视自行车所带来的风险，就越容易酿成大事故。作者牵头的风险学项目为了弄清楚风险的具体内容，对此进行了再现实验。用假人模拟自行车与行人的碰撞事

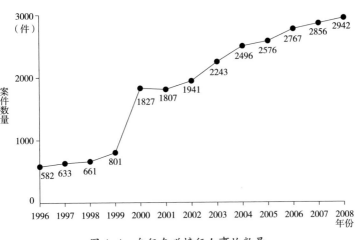

图 4-4　自行车碰撞行人事故数量

故和自行车的单独事故（假设撞墙壁、撞路肩或掉沟里等场景），分析碰撞瞬间产生了什么现象并测量冲击力。实验使用的是加装辅助轮的儿童自行车，配重为模拟三岁孩子的假人，重量为二十六千克。让自行车在斜坡上以十八千米每小时的速度滑下，重现各种事故。模拟实验得到的数据令人非常震惊。

其中尤为让人意想不到的是自行车与（以老年人为对象的）行人碰撞事故的再现实验（照片4-2），根据实验数据，自行车撞击行人的瞬间，作用力竟高达一千四百公斤。如此巨大的冲击，再强壮的人也受不了。身体虚弱的孩子和老人更有可能因此丧命，即便幸免遇难，也大概率会留下后遗症。

单独事故的再现实验中测出的冲击力数据同样令人震惊。限于篇幅，这里不作一一介绍。模拟自行车以相同的速度正面撞上墙壁的实验中，假人头部撞上墙壁瞬间的冲击力高达六百公斤左右。由此可见，骑自行车的风险非常大，一不小心就会夺去骑行人的生命。

问题在于，这些有关自行车的风险知识并未得到普及，对于骑自行车的人和周围人来说都很危险。这一点

照片 4-2 自行车与行人碰撞事故的再现实验

并没有成为社会公共知识,所以人们在马路上骑得飞快,更有甚者一边用手机交谈一边肆无忌惮地骑车。因为骑自行车不需要驾驶证,所以有很多人不仅不了解风险常识,就连简单的交通规则都不了解。

如果说自行车已然变成一个足以致命的凶器,那么整个社会就有必要对其带来的风险采取一定措施。虽不至于需要人人持证骑车,但至少对于因骑自行车不当而引发他人伤亡者应施以重罚。在目前大家并未对自行车带来的危险达成共识的社会现状之下,这一点是极其必要的。

第五章
大家不信任核电的原因

如果真的想彻底排除社会中的所有风险，我们恐怕就将陷入动弹不得的停滞状态。只要人类还在活动，就一定会引起事故和纠纷。这个世界本就没有"绝对安全的东西"。但正如本书序言所说，当今的日本社会提倡不现实的"绝对安全"，反而使社会陷入僵局，增加了潜在的风险。

本章讨论的核电，就是一个典型的事例。

稼动率低下的日本核电站

2010年2月，日本内阁核能安全委员会批准了自1995年12月"钠泄漏事故"后停止运行的快中子增殖反应堆"文殊"①的再次启动。虽然快中子增殖反应堆的实用化还需要很长时间，但其一旦投产，势必会从根本上改变日本的能源结构与供求状况。

然而，与想象的不同，在日本，核能发电并没有得到广泛普及。日本经济产业省2008年的相关资料显示，某个拥有五十五台机组的商用核电站（总输出电量四千九百四十七万千瓦时）的稼动率②仅为百分之六十。核能在发电过程中不产生温室气体，被公认为应对全球变暖这一全球课题的最佳方案。尽管如此，日本核电的稼动率却一直没有上升。

比如，在核能技术方面跟日本相提并论的法国与核能大国美国的稼动率约为百分之九十。1979年美国"三哩岛核电站事故"招致了社会大众的强烈反对，此后就再未新建核电站（2010年2月，奥巴马总统表示由政府提供贷款，支持佐治亚州核电站建设计划）。即便如此，美国在核电发电量（一亿六百零六万千瓦）和稼动率两

---

① 日本"文殊"（もんじゅ）核反应堆，1994年首次达到临界状态，次年就发生了钠冷却剂泄漏导致火灾的事故。2010年发生反应堆内装置坠落事故。2012年，被曝漏掉了约一万处安全检查。——译者注

② "稼动率"，是指设备在可用时间内用于创造价值的实际时间所占的比重。——译者注

方面，仍然大大超过日本。

日本核电站的稼动率大幅下降出现在二十一世纪后。二十世纪九十年代后半期，日本的核电稼动率超过了百分之八十，此后出现了不规范的自主检查记录和隐藏事故等问题，这大大改变了核电的生产状况。以此为契机，各个核电站开始了应对不规范问题的定期检查，稼动率一下子降到百分之七十。还有一个原因，即 2007 年 7 月，拥有日本国内最大规模发电量的柏崎刈羽核电站因地震受损，七台机组全部停工。因此，近些年，日本的核电稼动率直接降到百分之六十。

中越冲地震和柏崎刈羽核电站

实际上，新潟县中越冲地震并未给柏崎刈羽核电站的发电系统带来毁灭性打击，实际情况并不严重。核电站的中枢部分——核反应堆，没有受到损害。地震发生时检测到正在工作中的四台机组出现强烈的摇晃，控制棒被自动插入，安全阻止了反应堆内的核反应。单纯从这个结果来看，似乎可以认为安全机制得到了充分发挥。

但是，除此之外，柏崎刈羽核电站的其他机械设备存在很多问题。比如，核反应堆所在建筑物的外面设置了用来设备运转的电力变压器，因为地震，电力变压器引发了火灾。埋在地下的消防水管因为地壳下沉而受到损坏，核反应堆建筑物内设置的天井管道也因为地震摇晃而破损。此外，核反应堆建筑物内的废弃核燃料池中含有微量放射性物质的水（对人体没有明显影响）也由于晃动（横摆侧摇）溢出，然后经排水口排入大海。

在地震后，遭受损害的柏崎刈羽核电站七台机组完全停止运行。地震发生两年五个月后，2009年12月，经过测试，核电站再次投产。值得一提的是，经过这么长时间，最终也只有一台机组再次工作，可想而知，在日本运营核电站有多困难。

柏崎刈羽核电站再次投入运营花费了这么久的时间，并不是由于地震导致设施严重损坏，修复工作举步维艰。

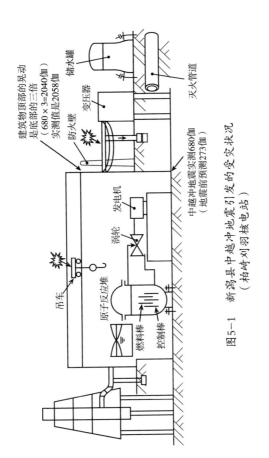

图5-1 新潟县中越冲地震引发的受灾状况（柏崎刈羽核电站）

第五章 大家不信任核电的原因

受到巨大打击的并不是设施,而是人们对核电的信任。虽然核反应堆并没有泄漏,但其相关设施造成的损害就已经让社会大众惶恐不安了。周围人的看法变得尖锐。为获得公众理解花费了大量时间,才是核电站迟迟无法再次投入运营的根本原因。

柏崎刈羽核电站停运期间,电力公司必须提供给用户必需的电力。实际上,东京电力让其他发电厂全力工作,废弃的发电厂也不得不再次启用,以弥补由此出现的电力缺口。表5-1是由于柏崎刈羽核电站停工产生的费用总和,其中也包括启用废弃的发电厂所支出的费用。

替代发电主要以火电为主,与核电相比,成本高得多。通过表5-1可知,一年时间,燃料费用等增加的费用就在四千四百亿日元。需要注意,表5-1仅为2007年一个年度的数据,因此,历年累积的成本实际上要超过一兆日元。而且,从核电调整为火电,温室气体的排放量也自然增加。综合考虑,可知柏崎刈羽核电站的停工不仅对东京电力这一家企业造成很大的负面影响,对整个社会来说也是一种巨大的损失。

表5-1 受柏崎刈羽核电站关闭影响产生的支出（2007年）

燃料费用等的增加	四千四百亿日元
火力燃料费用、购买电量的增加 核燃料费用、废弃核燃料处理费用的减少	四千八百亿日元 ▲ 四百亿日元
修复费用等	一千六百三十五亿日元
特别损失	一千六百一十五亿日元
检修及修复费用等 土木、建筑物相关设备的修复费用 地质调查、评估等费用 其他	一千二百二十亿日元 二百五十亿日元 八十亿日元 六十五亿日元
其他（闲置发电厂的重启费用）	二十亿日元
合计	六千零三十五亿日元

出处：公研セミナー 東京電力副社長・木村滋「中越沖地震の影響と経営課題」『公研』2008年1月号。

首先应该考虑的是："大家为什么不信任核电？"

日本核电站的稼动率低下，是人们对这种能源生产方式不信任的表现。这意味着核能的使用方法存在问题。如前所述，世界上没有"绝对安全的东西"。可是，核能的使用前提在于此前曾经大肆宣扬的"绝对安全"的伪称，这进而引发了人们的强烈抵触情绪。

如果核能真的是安全的，就应该在电力消耗最多的东京建设核电站。由于输电距离缩短,因输电线路放电而造成的电力损耗就减少,能源效率相应地就会上升。之所以不这样做,而把核电站建在远离城市中心的偏远地区,不仅是土地成本等问题,也是考虑到"建在很多人居住的地方太危险"。与此同时,对于核能存在的风险遮遮掩掩,反而向大家宣传"我们已经做好了充足的准备,绝对安全",这自然无法获得国民信任。

作者认为,对于核电站来说,最重要的是大方承认其风险性。核电站最大的风险可能是"会产生对人体有害的放射性物质"。

当然,为避免这种情况的发生,核电站在不同系统中采取了多重安全措施。首先是核反应堆(日本使用轻水反应堆)为防止爆炸提供了固有的安全性,即使置之不理,如果核裂变增加,反应堆内的输出功率增加,燃料和水(轻水反应堆里用水作减速材料和降温材料)的物理现象会抑制裂变,具有"自我控制"的特质(顺便一提,虽然像"文殊"这种快中子增殖反应堆用钠替代了水,但燃料仍具有自我控制性)。

而且,正如上文所述,柏崎刈羽核电站也是只要检测出地震等稍微异常的情况，就会插入控制棒，从而自动停止反应。即便如此，万一发生核泄漏事故，应急堆芯冷却系统依然会起作用。同时，还建造了一层又一层的物理屏障，以防止辐射外泄。

这是对核能安全措施的基本思考方式：首先公开风险的具体内容，在此基础上再具体告诉大家，为防止风险发生都采取了什么对策，这样一来，社会大众就可以放心了。

换言之，核风险和安全应急知识必须成为社会公共智慧。如果不让管理者及从中受益的人们达成共识，就不可能成功地将核能这一优秀技术运用于整个社会。为此，双方共享正确的知识是非常重要的，只有这样，整个社会才能感到安全和安心。

当然，即便整个社会都能共享有关风险的信息与知识，若安全措施不到位，依然会增加人们的焦虑。这时就需要像本书第三章中指出的那样，一边提高安全率，一边运行。

第三章提到，在某个技术领域积累充足的经验，大约需要两百年的积累，但核能显然还没到这种程度。因为绝对不能说已经积累了足够的经验知识，所以必须确保核能的使用是万无一失的。农业革命后蒸汽机被当成主动力使用,其安全率长期以来被定为"五",与之相若,为了确保在不知道会发生什么状况的前提下绝对不会导致致命故障或事故,核能也需要采取如此周到的防护措施。

虽然核能从业者可能认为他们提供了非常周到的防护措施,但柏崎刈羽核电站在大地震中还是受到了损害。反应堆主机完好无损,且能在工作状态下安全停止,一般来说这种安全措施可谓非常成功。但其他部分的损坏,虽说规模不大,还是增加了人们的担忧。发生了与管理者口中"绝对安全"不同的事情,所以周围的人担心"其实很危险吧"也在情理之中。

事实上,事故发生后的十四年间,"文殊"反应堆一直停止运转,并不是为了解决技术问题,而是为了平息社会的不安情绪。钠泄漏事故本身不伴随辐射外泄,甚至对反应堆都没有影响,属于轻微事故。问题在于,动力反应堆的核燃料开发团队事先向人们解释"钠绝对没有泄漏",被视为说谎,以及对事故发生后的视频进行简短的编辑并向外界公布,被社会认为是一种"掩盖行动"。这种谎言和糟糕的回应加剧了社会的不安:"所谓安全只是谎言,无非是为了掩盖,其实很危险。"

想要拂去这种不安,只有在承认核能具有风险性的基础上,以清晰明了的方式告诉大家:对预设外的问题也准备了周到的安全措施。由于柏崎刈羽核电站受到损害,最近日本国民对地震导致放射性物质和放射线泄漏的担心也在增加。所有的核电站都是基于活断层调查和评价等因素进行选址的,但随着这一领域的研究不断发展,有人指出当时的知识是不全面的。如果最初的假设过于乐观导致人们的不安全感,就必须改变运作方式,设置更高的安全率,并向社会宣传这一点(见本书图3-1)。

多度津为何关闭?

事实上,在日本,部分核电站已经开始采取高安全率的运营模式。例如,静冈县的中部电力滨冈核电站为了提高抗震强度,制定了大地震发生时的独立安全标准,正在进行地下管道周边的加固、反应堆建筑物内天花板起重机的改造、防止沉降等加固工程(图5-2)。

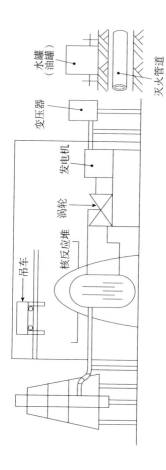

图5-2 滨冈核电站对地震的防备

滨冈核电站地处御前崎西侧，面向太平洋，这里是东部海域地震发生时可能会受到严重破坏的地区之一。日本国家中央灾害管理委员会在核电站建造之初就已经知道了这一点，并预计东海地震的摇晃强度超过三百九十五伽，约达到四百五十伽。也就是说，滨冈核电站五台机组的前两台就是在这样的地质条件下建造的（顺便说一句，伽是加速度的单位，一伽表示每秒一厘米的加速度；由于地形不同，变化也很大，所以在考虑地震对策时，仅以摇晃强度为基准并不准确）。第三台机组更是开始设定为六百伽，最近又独自强化了这一标准，并进行了能承受一百伽的抗震加固工程（截至2009年年底，五台中的三台已完工）。

顺便说一说柏崎刈羽核电站的情况。根据过去两百年该地区发生的地震数据，预计当时的摇晃强度为二百七十三伽。但是，中越冲地震时观测到令人难以置信的六百八十伽的巨大震动，是地震震级的二点五倍。反应堆之所以没有被破坏，是因为其设计能够从容承受八百伽的摇晃强度，达到了预设强度的三倍。

指定标准与实际能力之比，技术术语称为"冗余度"。冗余度越高，就意味着使用时越安全，这几乎等同于安全率。冗余度越高，安全性就越高，但是为了增加冗余度采取的措施会花费很多钱，所以冗余度越高，成本就越高。以柏崎刈羽核电站为例，冗余度设为"三"只能防止反应堆遭到破坏。考虑到成本效益，难道不应该把冗余度提高到"四"吗？

刚才提到，滨冈核电站的安全措施是基于比国家标准更严格的独立标准来设置的。在作者的印象中，这种独立标准似乎是将冗余度从传统的"三"提高到"四"。为此恐怕每台机组要花费数百亿日元。

这个数百亿日元的数字是在对现有设施进行改造的前提下估算出来的。如果从一开始就建造耐震冗余度高的设施，能以更低的费用提高安全性。作者的简单估测，把冗余度调到"四"所需成本大约是每座反应堆一百亿日元。建造一座核电站的费用大概是三千亿日元，如果再加上一百亿日元就能让社会获得安心感的话，这种程度的支出可以说相当便宜。只要看表5-1中提到的柏崎刈羽核电站关闭对东京电力支出费用的影响，就会对此有所体会。

当然，正如上文所说，这种努力之所以能够使人们感到安全，是以全社会共享有关核风险的信息和知识为前提的。而这正是目前核能运营中最为缺乏的部分。

作者所熟知的所有核能从业者都非常认真，并且致力于消除风险。然而，他们似乎没有意识到必须要把有关核风险的信息和知识分享给整个社会。也可能是他们并不善于向外界宣传自己正在努力开展的活动及其内容。不得不说，这着实让人感到非常遗憾。

例如，在位于香川县多度津町的多度津工学试验所内，核能从业者使用全世界最大的高性能振动台进行了确认核电站设施抗震安全性的实证实验。然而，多度津工学试验所遭到关闭，这正是核能从业者缺乏必须在"全社会共享有关核风险的信息和知识"这种意识所造成的后果。

多度津工学试验所的抗震实证实验从1981年开始，于2005年3月结束。半年后，不仅试验所被封闭，负责运营的核能发电技术机构也于2007年12月解散，由新设立的独立行政法人核能安全基础机构接管。在作者看来，对于日本社会而言，这无疑称得上巨大的损失。

多度津工学试验所的关闭，简单地说是因为其已经做完了为确认安全性而进行的抗震实验。此次实验使用了能重现阪神大地震震动的机器，结果实验用的反应堆没有坏，测试机器反而遭到损毁。尽管进行了如此彻底的实验，并获得了安全运用核能的各种知识，但此外再无其他业务，试验所不得不关闭。

从这个实证实验中得到的知识与数据，当然会在核电站的实际建设中发挥作用。日本有关核能的国家标准也是基于这些数据制定的。如果你说"核能是安全的"，道理的确如此。但这些数据之所以能够让人放心，正是因为有进行这个实验的场所和机器。如此看来，关闭试验所是不对的。作者认为应该将其留给后人随时参观——留下这样一颗"安全的种子"，当地震发生，人们感到焦虑时，社会可以随时利用它来消除焦虑。

明明有可以让社会安心的种子，却未能利用，这实在太过可惜。认为核能从业者轻视社会大众可能也是误解。实际上，作者认为他们并没有这样的想法。然而，如果一直只是嘴上说"绝对安全"，就无法消除社会公众"莫名的不安"。

日本人骨子里的排斥

日本人对核能的不信任感，在全球来说也算数一数二。原因明显在于核能从业者前后矛盾的话术，对内承认风险性并认真采取安全措施，对外却只宣称"绝对安全"。话虽如此，作者并不认为核能从业者是自愿持这种态度的。在作者看来，背后隐藏着一种社会欺骗性，在阻止他们畅所欲言。

反对设置核电站的运动此起彼伏。希望消除摆在眼前的风险，这是人之常情，甚至可以将这种抗议活动视为社会健全的一种表现。但是，如果提出反对主张时对风险的认识基于错误的前提，就会因此失去正当性。

其实，在核电领域，不仅是运营方，反对方也在大肆渲染不实之词。例如，将核能和原子弹视为同一事物。日本是世界上唯一遭受原子弹轰炸的国家，所以日本国民对原子弹高度敏感。在这样的背景下，人们对核电站中放射性物质和放射线等泄漏感到强烈的恐惧是可以理解的。但是，如果认为核电站具有和原子弹一样的风险性，显然有些牵强。

核能和原子弹是两码事自不必说。目前轻水反应堆使用的铀浓度，无论怎么破坏，都不会产生投放原子弹时那样的破坏。然而，反对兴建核电站的抗议运动似乎并没有充分理解这一点。

仅凭印象就大肆渲染"核能风险很大"，并不是负责任的反对运动。如果你抱有这样的想法，就得排除所有风险，哪怕只是些许。正如本书序言所述，这样的做法当然也能创造所谓"安全社会"，但这等于说要让现在社会的一切活动陷于停滞。

目前必须使用核能

作者在本书中反复强调，将风险信息和知识转化为社会的共同财富是非常重要的。这不仅对于机械/系统的制造者来说是必要的，对于使用者来说也是如此。

以核能为例，其固然具有一定的风险性，但同时亦具备便利性。理解核能的两面性，判断在哪里做出妥协，本来就不是只有参与核能事业的专业人士才能做的事情。

如果一个社会决定使用核能，受益者也应该参与到决策过程之中。因此，必须向整个社会广泛提供有关核能的正确信息和知识。

目前，日本的总发电能力约为每天二亿千瓦。日本的总人口约为一点三亿，粗略计算一下，人均供电量约为一点五千瓦，仅为一台家用空调的用电量。

发电方式除了核能还有水力和火力，再加上一部分对环境影响较小的风力和太阳能发电。其中核能所占比例因电力公司而异，向日本首都圈一都七县供电的东京电力（包括相崎在内）约占市场份额的百分之三十。这个数字是根据发电能力计算得出的，实际数字可能会有所不同。由于核能产生的所有电力都实际供应给用户，因此我们必须明白：东京都使用的电力四成以上来自核能发电。

最近人们越来越关注环境问题，并对不产生温室气体的电动汽车寄予厚望。但在作者看来，电动汽车之所以环保，除了因为电动汽车不排放废气，还因为它们用核能产生电能。风力发电和太阳能发电不能产生大量的电力来驱动所有的汽车——如果以火力发电为主体，即使是电动汽车也不可能大幅度减少温室气体排放（图5-3）。

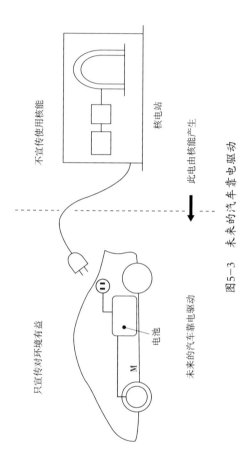

图5-3 未来的汽车靠电驱动

关于核能，作者认为其"本质上是危险的"。但因为能够给人类提供方便，所以"尽量以安全的方法使用"是最符合实际情况的想法。

从技术角度来说，前面提到的自我控制和多重防护会提高核能的安全性，所以讨论核能发电是危险的还是安全的几乎没有意义。相比之下，作者更担心的是软件，而不是硬件。作者认为核能组织在"绝对安全"思维方式的掣肘下运作，才是风险的根源。

所谓的安全措施，要以危险事件为前提才会有效果。如果以绝对安全为前提，管理就会在不知不觉中流于形式，不断为下一个大事故、大故障埋下隐患。"达到了国家的标准，所以没关系"，"按照工作手册做了，所以没关系"等，这些都只是外在的借口。如果真的按照这样的方针进行组织运营，最终的结果就是管理形式化。组织不良，终将酿成重大事故。

核能安全措施中最重要的是承认风险的存在，做好应对预想之外问题的准备。在作者的认知当中，许多核电站在很大程度上做到了这一点。但是，只要承认存在哪怕一丁点儿风险，社会就会反应过度，并发起全面攻击，所以，对外不能说任何真心话。如果是这个原因导致核能运行的不完善，那么作为一个社会，没有比之更不幸的事了。

要改变这种状况，只有整个社会坦率地承认"核能是危险的，但因为它有用而不得不用"。为此，必须做的是在整个社会中共享有关风险和便利的正确信息和知识。如果能够进行真诚的讨论以便更安全地使用核能，那么这种具备风险的能源生产方式，将给社会带来诸多意想不到的好处。

第六章
剥夺儿童风险意识的社会

作者认为,在思考风险问题的时候,如何向孩子们传达风险意识,乃是非常重要的课题。本书序言曾提到,作者领衔的课题组制作《写给孩子的风险学》等宣传册及绘本,并免费分发给全国幼儿园,而这便是宣传风险意识的一种实践(《写给孩子的风险学》可于风险学项目网页免费下载,网址为 http://www.kikengaku.com/public)。从这个意义上来说,作者认为本章所讨论的游乐设施具有非常重要的意义。这些游乐设施被认为存在风险性,因此在全日本范围内不断消失。

已经消失的三种游乐设施

实际上,目前作者并不特别清楚游乐设施造成事故的实际状况，而造成这种局面的原因在于游乐设施多头管理，权责不明。在日本，公园由国土交通省负责管辖，学校由文部科学省负责，儿童福利设施由厚生劳动省负责。虽然每个场所都有伤亡事故数据，但由于相关数据孤立存在，所以外界无法掌握日本社会整体上到底发生了多少游乐设施事故。另外，即使是在政府管辖的场所发生的事故，因为只造成轻伤的情况不会被记录在案，所以目前社会对游乐设施风险性的实际情况几乎一无所知。

尽管如此，从各种统计来看，在游乐设施或相关场所，确实发生了一些导致儿童伤亡的重大事故。在日本，游乐设施事故一度频繁发生，相关报道充斥新闻媒体。因为事故多由"移动式圆木""摇篮式秋千"和"旋转塔"所引发，日本各地纷纷开始拆除这三种游乐设施。尽管如此，因游乐设施而引起的重大事故还是没有从根本上杜绝，这意味着社会并未很好地应对游乐设施所带来的风险。

顺便说一下，刚才提到的设施，在游乐设施行业被称为"灭绝三种"。大概是因为随着拆除工作的开展，此类设施已经从所有游乐场销声匿迹（图6-1）。

这三种游乐设施的共同之处在于设施本身都是"运动"的。移动式圆木和摇篮式秋千均载着孩子向水平方向移动。旋转塔则是围绕中心轴进行旋转运动。

在这三种游乐设施中，事故报道最多的是摇篮式秋千。这种游乐设施吊着一个轿厢，里面能坐数个孩子，可以像秋千一样前后移动。摇篮式秋千深受孩子们的喜爱，以前在任何游乐场都能看到此类设施。但是，由于各地接连发生事故，拆除工作一直在进行，现在已经很难再找到了。虽然不知道事故的具体数字，但有数据显示，在过去的几十年间，它们已经夺走了三十多个孩子的生命。

从过去的事故案例来分析，摇篮式秋千的风险之处在于轿厢与地面之间没有"生存空间"。事实上，儿童严重受伤或死亡的事故通常是儿童在轿厢移动的时候掉到下面，要么被夹在轿厢和地面之间，要么被摩擦碾压。还有一些情况是在摇篮式秋千周围玩耍的孩子因为没有注意到移动的轿厢而被撞飞。

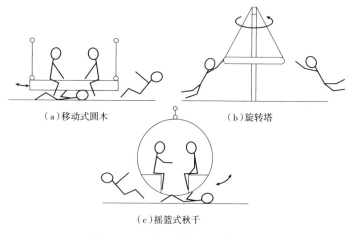

图 6-1 游乐设施的"灭绝三种"

与移动式圆木有关的事故也差不多。所谓移动式圆木，是将粗圆木的两端水平悬挂在支柱或横梁上的一种游乐设施。移动式圆木同样因为底部没有生存空间而导致发生致命事故。反之，只要有足够的生存空间，就有可能避免孩子受重伤甚至死亡的事故。当然，有时也会发生撞击事故，但可以通过改变材料减轻碰撞时的冲击力，或者避免在周围放置诸如表面尖锐的石头等风险物品，这样一来至少可以防止发生致命事故。

　　至于旋转塔，其实也不难避免事故发生。旋转塔是围绕中心轴（主柱）旋转的游乐设施，有圆形、球形等各种各样的形状，可以通过保留生存空间来防止孩子被夹在下面。另外，作者领衔的项目组调查了旋转塔的事故原因，发现很多事故是因主柱腐蚀后折断引发的，因此，只要好好维护，是可以避免事故的。

　　但实际上，上述安全措施并没有得到采用，许多游乐场简单地将这三种游乐设施拆除了事。这种处理方式显然太过武断。尽管有解决办法，却还是"因为发生了事故而拆除"，让孩子们再也无法享受这些游乐设施所带来的快乐，不可谓不可惜。

管理者、设置者的错误思维

游乐设施的风险对策并没有朝着彻底防止事故发生的方向发展，而是采取了"拆除"这一简单粗暴的解决办法。站在游乐场管理者的立场上考虑，这样做既省钱，又能迅速排除风险，还不麻烦，可谓简单易行。

这种考量固然不能说不正确，但也会让人感觉大煞风景。此举不仅剥夺了孩子们玩游乐设施时的乐趣，还会让他们搞不清楚建造游乐场的意义何在。

对消失的三种游乐设施"因为动所以危险"的看法，适用于所有游乐设施。如果试图用这种观点来排除风险，就必须把所有会动的游乐设施都从游乐场上彻底拆除移走。事实上，越来越多的游乐场已经开始拆除跷跷板。如此一来，如果连最具代表性的游乐设施——秋千也拆除，那么对孩子们来说，最有趣的游乐场就会变得无聊至极。

游乐场的真正风险并不在于游乐设施本身，而是在于没有得到有效管理。事实上，很多游乐设施发生事故明显是由于维护不良造成的。前文提到的旋转塔事故就非常典型——作为轴心部分的主柱遭遇风雨侵蚀却无人管理，导致其在旋转中折断，整体倒塌。

这绝非个例。虽然不能说所有的游乐场都这样，但要找到锈蚀、腐蚀、螺丝脱落的闲置游乐设施，想必并不困难。也许有的管理者会反驳："我们已经认真检查过了，没问题。"但其中还是不免存在形式上的检查，而忽略了风险产生的原因。有时一些设施看起来没问题，实际上却存在锈蚀和腐蚀的情况。这种情况一般通过"目测"（从外面看）是发现不了的。为了防止事故发生，有必要进行彻底的检查，通过触摸、敲击来确认其状态。

本书第三章也提到，无论是机器还是建筑物，只有进行定期维护，才能在使用时保持舒适感和安全性。如果游乐设施管理者缺乏维护意识，风险就会随之增加。当然，这不仅仅是管理者的责任。

如果一味地批评管理者，多少有些不太公平。因为设施安装预算往往可以得到批准，但却无法获得维护费用的拨款。另外，还存在人员经费不足等运营问题。而其背后的原因是整个社会对维护不够重视。仅仅从拆除游乐设施这个做法中,就足以窥见当今日本社会针对风险问题的思考方式。

不知从何时开始,日本孩子不出去玩儿的问题逐渐被重视起来。一般来说,大家都认为电子游戏是主犯。现在知道了游乐场的变化,就能明白电子游戏原罪这种观点是多么片面了。

正在从游乐场拆除的移动式圆木、摇篮式秋千、旋转塔虽然是伴有危险的,但却很受孩子们的欢迎。一边以"太危险了"为理由拆除,又不提供其他有趣的游乐设施,一边一味抱怨"孩子不出去玩儿是个问题",这样的社会本身就有问题。

孩子不再到外面玩耍,对于孩子的健康发展来说确实是个问题。但如果我们真的担心这个问题,是不是也应该注意到孩子们的玩耍环境没有得到改善?给孩子造就了一个无聊的环境,然后批评"孩子不出去玩儿是个问题",这只能说是大人的自私。

试着让学生思考"不危险的游乐设施"

作者在大学任教时曾开设过一门叫作"创造工程"

的课程。退休后，作者以外聘教师的身份给学生们上课，并布置了一个课题，叫作"制作不危险的游乐设施"。

有趣的是，学生们思考游乐设施时都得出了相同的结论："游乐设施不危险就没意思。"孩子们喜欢冒险，如果排除全部风险，游乐设施就失去了自身的乐趣。于是，我们就从"风险是什么？""快乐是什么？"这两个主题来思考有关游乐设施的设计。

在作者的指导下，学生开始制造"风险可控的游乐设施"。这种游乐设施固然存在适度的风险性，但万一发生事故，孩子们也不会受重伤。

在课堂上，学生们提出了各种各样的想法，每个人都根据自己的想法制作了微型游乐设施的模型。作者在这个过程中也获得了很多新的发现，所以想把这些发现运用到风险学项目中。在相关游乐设备公司的帮助下，我们决定制造"风险可控的游乐设施"的实物，由此创造出一种新型的使用连杆装置的移动式圆木。

移动式圆木是一种由吊起的圆木沿水平方向摆动的游乐设施。和摇篮式秋千一样，下面有一个空隙，孩子被夹在这个部位有被碾压的风险。虽然通过增大缝隙可以确保生存空间，但只要下面不留缝隙，就没有必要担心这些问题。新型的移动式圆木将下方完全封闭，并在这部分设置由多个连杆组合而成的复合连杆装置，从而再现了移动式圆木的运动方式。

最后做出来的是比普通移动式圆木小一圈的试验品。事实上，我们在举办某次活动时把它放在了会场里供孩子们玩耍（照片6-1），结果大受好评。也许正是因为能感受到适度的风险，孩子们都玩得很开心。当然，这种风险是"可控的风险"，在发生事故或故障时可以避免玩耍的孩子受重伤或死亡等最坏的情况出现。

风险学项目的开展，促使作者继续尝试制造"风险可控的游乐设施"。我们的下一个目标是制造一种新型的摇篮式秋千，这种秋千深受孩子们的欢迎，也有很多人希望其再次投入使用。如果和新型移动式圆木一样使用连杆装置，将传统的摇篮式秋千的风险变成"可控的风险"并不难。基于同样的想法，我们也在考虑使用控制旋转速度的限位器等技术制作已经消失了的三种游乐设施之一——旋转塔。

于2009年3月东京科技馆的活动上进行了展示

照片6-1 新型移动式圆木

利用现在的机械技术，制造出孩子们所期望的"风险可控的游乐设施"并非难事。正如本书第一章所述，只要确定了功能需求和约束条件，就一定存在设计之解。不做这样的努力，而以"因为危险所以拆除"这种避重就轻的想法来采取安全措施，实属大人们的懒惰之举。

"可控的风险"助力孩子成长

现在日本社会有一种风气，一旦发生事故，管理者就会被骂得狗血喷头，体无完肤。从这个意义上说，安全措施转向"消除风险"而不是"管理风险"，或许是一种自然趋势。

如果管理不善，受到指责也无可厚非。但如果受害者本身有违禁行为或意想不到的行为，抑或原因突发或未知的话，情况就不同了。在这样的案例中，只有设计者和管理者活用失败的经验，朝控制风险的方向重新审视安全措施，才会对社会有益。在现实生活中，这种情况往往会引发周围人士的一致攻击，而这只会导致社会活动停滞不前。过度苛责，将会导致安全措施朝着完全排除风险的方向发展，那么机械/系统就不会进步，甚至有可能导致真正必要的机械/系统逐渐消失。

如果从这个角度重新审视儿童游乐场的安全措施，就会发现通过完全排除风险来保护孩子们的方式有多奇怪。遇到风险，对孩子们来说也是相当难得的学习机会。"消除带有风险的东西"这种安全观念会剥夺儿童接触风险的机会。这样一来，孩子们就不能通过玩耍来学习任何关于风险和安全的知识了。

打个比方，这就像在无菌条件下抚养一个孩子。如果孩子可以在无菌状态下度过余生，那可能就没什么问题了。然而，现实社会中到处都潜伏着各种风险。在没有对风险有免疫力的环境中成长起来的人，一旦遭遇社会中的各种风险，即使遇到本可以轻易预防的事故，弄不好也会赔上性命。

如前所述，最近因制作者没有预想到的情况而造成人员重伤或死亡的事例越来越多。作者认为这也是过度追求安全社会的结果。当安全成为理所当然时，谁都会对风险变得迟钝。明明潜藏着巨大的风险，却认为"做什么都没有风险"，即使是不合理的事情也满不在乎地去做，当各种条件叠加在一起时，就会发生谁也没想到的大事故。

把风险完全排除，让孩子们在无菌状态下长大，等于是在为未来的大事故做准备。为了防止发生重伤或死亡的惨痛事故，大家都必须有这样的觉悟。因为存在风险而拿走孩子削铅笔用的小刀是错误的行为。哪怕是为了让孩子了解风险，也有必要让他们平时接触到风险。

当然，此时的风险必须是"可控的风险"。让孩子们遇到可能会重伤甚至死亡的风险是本末倒置。虽说这种程度很难控制，但只要积累有关风险的信息和知识，使之成为社会的公共财产，就一定可以实现。我们所追求的"安全社会"或许就在不远的前方。

传达风险的绘本

正如本书开篇所提到的，基于上述想法，作者在风险学项目的研究过程中编写了培养孩子对风险的思考能力和自发规避风险能力的相关教材。其间，项目组的近石直子女士绘制了一本名为《当心！危险！》的绘本，以刚开始意识到身边风险的四岁左右的儿童为主要读者群，讲述了实际生活中多发的"夹伤""跌倒""坠落"三种事故。孩子也可以自己阅读，但是为了提升教育效果，特意做成幼儿园或保育园①老师或者监护人讲给孩子听的形式，其中介绍了孩子们可以自己意识到风险的一些简单的实验方法。

实际上，作者曾实地观摩幼儿园老师给孩子们讲绘本的视频，其中印象最深的一幕是：老师一边讲绘本上的故事，一边用黏土和塑料瓶模拟门夹手时的情景，此时认真听故事的孩子们也露出了看上去很疼的表情，好像夹伤的是自己一样。

此外，除了这部绘本，我们还制作了宣传册和CD。比如汇总了孩子身边发生的各种风险应对方法的《写给孩子的风险学》，以及能让孩子唱唱跳跳地学习身边风险的《Dangerous探险队》等儿歌CD。《写给孩子的风险学》是面向一至七岁儿童监护人的宣传册，这本宣传册

---

① 在日本，儿童学前保育机构主要分为两种，即保育园和幼儿园。保育园属于儿童福利机构，主要用来照顾婴幼儿，归日本厚生劳动省管辖；幼儿园则属于教育机构，是孩子进入小学之前的"教育"设施，归日本文部科学省管辖。——译者注

的完成离不开绿园儿童诊所院长山中龙宏先生的支持与帮助。另外，在爵士乐钢琴家河野康弘先生的帮助下，作者特地将《Dangerous 探险队》的歌词与绘本《当心！危险！》的内容一一对应，便于孩子们学习（照片6-2）。

2008年10月，作者牵头，将绘本、宣传册和CD三项制为一套，免费分发给全国一万三千多家幼儿园。其后，应各保育园的强烈请求，作者在风险学项目主页开设了募集活动，统计希望得到该系列教材的机构，并于2010年2月向提交申请的保育园（共计一千三百二十四家）免费分发了绘本《当心！危险！》。该活动在众多场合广受好评。《写给孩子的风险学》这本书也在日本儿科医学会保清科会长及该学会的帮助下，免费分发至提交申请的各儿科科室，配备在医院的等号区，供监护人阅读。

不言自明，这些风险学项目几乎均为志愿者活动。绘本的制作和免费分发也多亏诸多个人和企业的大力支持和帮助。

所以，听闻三件套系列教材在"网上出售"时，作者的心情可谓五味杂陈。

照片6-2　《写给孩子的风险学》等三件套

第六章　剥夺儿童风险意识的社会

连由谁出版、出于何种缘由出版都搞不清楚,就给这些本该免费发放的材料打上"三千八百日元"的价格标签。说实话,本人实在不知道应该如何去看待这件事。一方面没想到竟然会有人擅自拿去商用;另一方面又觉得自己和同侪做的努力在一定程度上得到了社会的认可,世人愿意为我们的成果买单,这可能也不失为一件令人欣慰之事。

第七章
规定和标准能保障安全吗？

每次事故发生，总会有一部分人主张认真制定相关"规定"或"标准"。如果已经有了规定或标准，也一定会出现进一步严格执行贯彻的声音。正因为如此，在社会运行过程中，才会存在很多事故一发生就朝着制定规定和标准并严格执行的方向不断加码的事例。

与此同时，我们也经常听到对于规定和标准的不满与抱怨。而且，也有人批判规定和标准阻碍了社会经济的发展。

因此，第七章将对创建安全状态时的常用规定和标准展开探讨。

漫步阪神

171   利用规定或标准实施安全管理的构想，是指在制作某物和使用某物时制定一定的约束条件，只要其活动过程处于这些条件范围内，就能处于一种安全状态。这种安全管理方法在日本尤为受用，所以导致社会上众多群体产生一种"只要有规定和标准保护就是安全的"片面印象。也正因为很多人有着这种片面想法，才导致发生事故后一定会有"进一步严格执行规定或标准"的声音。但是，这种想法暗藏着巨大的陷阱。

作者并非主张"不需要规定或标准"，也认为规定和标准对于维护社会安全来说不可或缺。1995年不幸发生的阪神大地震，让人们切身体会到了规定和标准的重要性。

导致约六千五百人罹难的阪神大地震，发生在寒风料峭的1月17日。看到地震现场传来的影像，整个日本都为地震后惨遭毁灭性破坏的城市样貌所震撼。

作者曾于阪神大地震后三周到访灾区。从大阪乘阪神电车到东滩区的青木站，再朝着三宫方向往西走去。一路上，作者亲眼目睹了灾后的城市样貌。

之所以选择震后三周这一时间点到灾区考察，是因为地震刚结束时万事都处于混乱状态，而考察灾区本身就会对当地居民造成麻烦。三周后居民基本能稳定下来，灾区也还保持着灾后的样貌。所以，每当有重大事件、事故，作者总是距事发时间三周后再进行现场考察。

亲眼看过大地震三周后的城市，作者注意到，即便是同一地区，不同建筑物的受灾程度也有着巨大的差异。有些建筑无论是木造还是钢筋水泥都塌得惨不忍睹。而有几处建筑看上去却平安无事，其内部的状态不得而知，但至少从外观上看没有丝毫损坏。这些也未必全是钢筋水泥建筑，其中不乏怎么看都是木造的建筑。

照片7-1所示的神户市市政厅的两处建筑就是一个简单明了的事例。近处的二号楼六层已经弯曲变形，无法再使用。而后面的一号楼没有丝毫损坏。

这一差异背后的原因，是1981年日本《建筑基准法》的修改。

六层部分弯曲变形的神户市市政厅二号楼（1957年竣工）
后方没有丝毫损坏的高层建筑为一号楼（1989年竣工）

照片7-1　阪神大地震刚结束后的神户市市政厅
（拍摄于1995年2月）

正是 1981 年的法律修改，提高了建筑抗震标准，在严格标准要求下建成的新建筑才得以经受住大地震的考验。与此相对，在法律修改之前建成的建筑（包括钢筋水泥建筑在内）都倒得一塌糊涂。

这个事例就能很好地说明，《建筑基准法》等社会性规定对于防备大地震非常有效。诸多规定和标准中，确实存在几乎毫无意义的条目，但大多数条目凝结了人类的经验和认知。换言之，规定和标准，是"先人智慧的结晶"。

日常生活中，我们经常可以看到存在这样一群人，他们在面对规定和标准时，抱着因为有规定和标准所以不得不去遵守的态度。这类人一般倾向于形式上遵守规定和标准，或者装出一副遵守规定和标准的样子。这着实令人惋惜。因为如果并非非常严重的事态的话，自发地、积极地遵守规定和标准更容易得到正面的结果。未雨绸缪，以积极的视角重新审视规定和标准，还是十分重要的。

作者曾在阪神大地震十一年后的 2006 年故地重游，回到当年的拍摄地点（照片 7-2）。

二号楼低层部分得以重复利用

照片 7-2　阪神大地震十一年后的神户市市政厅
（拍摄于 2006 年 8 月）

十一年后的城市，交通干路两侧整洁美观的建筑鳞次栉比。然而，随意看一眼犄角旮旯的停车场，却能发现城市复兴进程的推进似乎并不是非常顺利。重游故地，再次考察灾区，令人不禁想到，如果那次地震之前，所有的建筑物都能基于新建筑基准法规定改建的话，结果或许会大相径庭。

既存不合格问题

在阪神大地震中受到严重损害的都是所谓的"既存不合格"的建筑。所谓"既存不合格"，是指在建造时是合法的，但后来由于法律的修改等原因，不再满足规定和标准，与现行法律相对照，变成不合格的状态。

"既存不合格"这个词主要用于建筑物。但是，同样的情况在很多领域都存在大问题。而且，无论是什么样的既存不合格问题，基本上都不会被视为违反法律。因为法律本来就不需要追溯到过去才能发挥效力，根据建造时的法律判定不违法，便可继续使用。

以建筑物为例。如果不认可现有的既存不合格建筑物，1981年以前建成的建筑物要么全部拆除重建，要么必须进行抗震加固。通过修改法律来统一执行这些措施，在现实中几乎是不可能的。如果让建筑物的所有者承担所有的费用，毫无疑问，人们的不满必然会爆发。话虽如此，也不该由国家和地方自治团体承担重建或加固工程的费用。如此想来，或许"放任既存不合格的建筑不管"，是避免社会陷入混乱的最现实的应对方法。

但是，如果默许既存不合格现象存在，无疑会增加风险，这是不争的事实。避免社会混乱，重点在于保持平衡。将"成本"和"安全"放在天平上衡量时，会发现"安全"一方完败。在提倡所谓"绝对安全"的当今日本社会，对既存不合格问题视而不见，让人莫名地觉得有些奇怪。

如前所述，规定和标准是"先人智慧的结晶"。因此，改变规定和标准意味着我们获得了新的智慧。从这个角度来看，允许既存不合格现象存在就等于不去使用这种智慧。这一点不禁让人感到焦虑。

作者认为，如何处理既存不合格现象是一个"社会的意愿"问题。如果社会的意愿是"绝对要避免无意义的死亡"，那么安全就会优先于成本。而目前社会对于既存不合格产品的态度是成本优先于安全。这可能是我们对社会风险的认识不够成熟的表现。

在阪神大地震中，受损的建筑物约二十五万栋（全毁十万五千栋，半毁十四万五千栋），死亡人数约六千五百人，受伤人数约四万四千人。另外，避难人数据说也达到三十万人以上。如果说遭受了如此巨大的伤害，还没能让社会从中学到该学的东西，那真的没有比这更不幸的事了。

积极处理既存不合格现象的措施

虽说如此，考虑到成本问题，社会自然不可能解决所有的既存不合格问题。最近，日本中央政府及各自治体财政吃紧现象日益严重，包括作者在内的普通民众也能理解这种情况下将既存不合格问题延后解决的做法。但是可以设定一定的缓冲时间，在这期间督促改建；或者提供改建费用贷款等优待政策，等等。也就是说，还是存在很多处理办法的。这并不是"能不能做到"的问题，而是"有没有去做"的问题。前文所提到的"社会的意愿"就是这个意思,只要社会上存在强烈的"为保护人的生命不得不做"的想法,克服既存的不合格问题并非那么困难。

以火灾警报器为例。在日本的《消防法》修订后,从2006年起,所有住宅均需承担安装火灾警报器的义务。这不仅针对新建住宅,已经竣工入住的住宅也包括在内。换言之,这里是想通过普及火灾警报器解决既存住宅的不合格问题。而赋予既存住宅的安装缓冲时间由各市、街道、村的条例规定,各不相同。履行火灾警报器安装义务的日期被大体限定在2008年6月至2011年6月。

之所以普及火灾警报器安装,大概是因为相关部门觉得有了警报器就能在第一时间察觉到火灾的发生,及时避难,从而防止大规模的人员死亡。迄今为止,火灾已经在日本全社会造成重大人员伤亡。也正是这些经验、教训,教会了我们"利用火灾警报器可以有效保护人身安全这一方法"。

火灾警报器的安装需要成本。强制安装自然就会出现反对的声音。但是,火灾并不是一个人的问题,其产生的危害会波及周围居民。从这一意义出发，可以认为，社会以"不允许既存不合格现象存在"的强硬态度实施安全对策是绝佳的做法。

安装火灾警报器与改建建筑物花费的成本不可同日而语，所以自然不能在同一水平思考这两个问题。但是，社会采取强硬态度应对，确实是解决既存不合格问题最简单明了的方法。

为什么会出现一些没有意义的规定

正如前文所述，规定和标准是"先人智慧的结晶"，但是其中确实也存在不能发挥保障安全的效果、毫无意义的规定和标准。这些无意义的条款背后，大概是一种"万事听上面安排，不必跟着操心"的社会氛围。

新型机械/系统投入使用时，一般都会制定新的规定或标准。此外，发生大型事故或故障时，一定会对旧的规定或标准进行修改。修改、制定规定和标准本身不足为奇，问题在于该由谁负责。大多数人都认为"这些都是上面该操心的事"，实际上也确实如此。但是，这里其实存在着巨大的陷阱。

现在听上去可能出乎意料,但是之前,制定电梯使用规定是警察负责的工作之一。似乎是因为在第二次世界大战之前,"所有的规定都由警察负责制定"。现在自然是不可能将制定电梯规定交由对于电梯相关知识一窍不通的警察负责。但是,当时类似的事情可以说是司空见惯。

第二次世界大战后,电梯规定的制定由当时的日本建设省接手。虽说比警察要稍好一些,但还是让人有些难以信服。从"附属于建筑物"这一属性出发,电梯确实归建设省负责管辖。但是,从安全使用电梯的角度出发,"运作时涉及人"这一属性更为重要。如此一来,电梯管辖工作就不该由负责建筑物等静态物体的建设省来做,而应该交给当时管理机动车等动态交通工具的运输省。

出于同样的考虑,扶梯规定的制定也曾由建设省负责。过山车设备同样如此,这些曾经都被归为建筑物附属设备,由建设省负责。后来,2001年,中央省厅组织形式改编,建设省和运输省合二为一,称为"国土交通省"。由其接管了此前所涉及的所有设备的管辖工作。但是，问题到此还远远没有得到解决。

即便二者合成一个机关，内部还是存在两套系统。且设备的管辖权实际上依然掌握在过去负责静态设备的工作人员手里。用管理静态设备的那一套经验来管理动态设备，想必会出现各种各样的问题。为了避免出现这种情况，作者认为，是不是应该请精通设备的人员来制定相应的规定和标准呢？

归根结底，由国家机关制定规定和标准，不过是因为社会认为其应该发挥这样的作用，至于这些机关是否具有制定相关规定和标准的相应能力，却根本不曾考虑。执行规定的设备厂家和设备业界对设备安全运行所必需的规定和标准一清二楚。然而，如果这些人员参与制定规定和标准，却会引来"为了方便自己在其中投机取巧"的质疑，所以，事实上一直是由按理来说专业知识相对薄弱的国家机关在负责规定和标准的制定。

因此，规定和标准中总是存在一些模糊不清的地方。更有甚者，有些条款的要求过于不切实际，反而助长了风险的发生。即使明白某些要求不切实际，执行方却又不能忽略不计；而如果完全遵守相关规定，又无法开展正常的活动。在这种情况下，执行方就只能形式上伪装出一副遵守规定和标准的样子。简单来说，就是在这种情况下会出现规定和标准的"形骸化"。

如果形骸化在日常生活中时有发生，执行方遵纪守法的意识就会变得薄弱。在这种模式下，很可能随后就会发生相当大型的事故或故障。届时承担责任的当然是没有遵守规定和标准的人。社会上也是如此，大多数情况下，如果存在相关的规定和标准，依然发生了事故，那么不论是对于被害者还是加害者来说都是非常不幸的。

为了保证规定和标准的有效运用，就必须找到一套避免形骸化的运营方法。至少要扭转"万事听上面安排，不必跟着操心"这种错误的想法。我们应该追求的是从实际出发，能切实保障安全的规定和标准，杜绝无意义的规定和标准。

追究责任及调查原因

如果说规定和标准是先人智慧的结晶，那么其中定然包含经年累月从大量实际发生过的事故或故障中积累的经验。只有真诚地面对事故、反思事故，才能将发生过的事故带来的经验活用于其后的安全管理中。然而，以日本目前的法律法规体系，很难做到从事故或故障中汲取教训。这就是接下来要讨论的有关"追究责任"和"调查原因"的深刻问题。

图7-1揭示了追究责任和调查原因之间的关系。图中左上部分（a）为刑法学者的主张。现在的日本法律体系中，司法机关会对于存在受害者的事故展开原因调查，追究相关法律责任。同时，追究责任也会成为一种"抑制力"，有助于防止事故再次发生。

然而，大多数人却并不这么认为。大多数人的想法如图中的（b）部分所示，他们认为，司法机关在调查原因和追究责任后，在法庭上揭示事故原因，从而推进出台对策来防止事故再次发生。这是一个很大的误解。

事实如图中（c）部分所示，司法机关的工作最多只到抓捕犯人、追究其法律责任。调查原因也不过是为了抓捕犯人，根本不涉及多数人所期待的揭示原因、防止事故再次发生。司法机关不涉及这些活动不足为奇，因为体制本来就是这样，只不过是按规矩办事罢了。

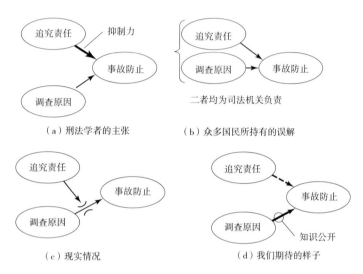

图 7-1 追究责任与调查原因之间的关系

虽说如此，这样的体制确实有一些弊病。以危害影响较大的大型飞机、铁路、船舶等事故为例，这些事故由日本国土交通省的运输安全委员会负责调查原因。这个调查关系到防止事故再次发生，但是在目前的体制下，司法机关的原因调查却优先于运输安全委员会的调查，所以实际和预想是相悖的。司法机关会为了维护公审秩序而扣押、隐匿重要证据，进行封口，通知相关知情者"不要将听到的事情向外传播"。换言之，因为在对究竟发生了什么进行科学调查之前，先追究了道义上的责任，就很难查明事故发生的真正原因。

归根结底，同时进行原因调查和责任追究本身就有真因被隐匿不表的风险。从被追究责任的一方出发，配合调查原因，无异于自己将自己推上绞刑架。因此，其往往会有意无意地扭曲事实关系，隐瞒不利于自己的事实。

此外，还有一个问题。如果不进行审判，司法机关所调查的原因的具体内容将不予公开。如果嫌疑人起诉，一般会在为了追究责任而进行的审判中公开司法机关的调查内容（即便公开，也只限于需要追究责任的事故，并非全部）。

问题出现在不存在过错方的案件中。在这种情况下，因为没有嫌疑人起诉，所以为了查明原因所收集的资料将不会在审判的时候公之于世。换言之，调查内容将会以未公开的状态就此封存，就好像这场事故从来没有发生过一样。

作者认为，从上述事例中可以看出，有必要将调查原因和追究责任两者分开进行。即如上文图7-1中（d）部分所示的"我们期待的样子"。首先，优先实施关系到防止事故再次发生的原因调查，将此过程中吸取的教训向社会公开，让其成为社会共同的知识财产。这才是事故发生后的第一要事。

当然，如果在调查原因的过程中判断"有追究责任的必要"，则必须严格追究相关责任，让刑罚成为事故发生的"抑制力"。总而言之，我们所期待的样子就是改变之前固有的调查顺序，比起追究责任，更加注重调查原因，并将关系到防止事故再次发生的信息向社会公开。

追究责任也归个人负责的美国

近来,作者想法发生了些许变化。变化的契机正是第一章提到过的对美国休斯敦发生的电梯事故的调查。

在此再次简单说明一下事故情况。事故于2003年8月发生在休斯敦的一家医院。原因是电梯维护时接线错误导致控制系统不能正常工作。日本一名男性医生(殁年三十五岁)正要乘坐电梯时被门夹住,电梯在门尚未完全闭合的状态下开始向上运行,导致该男子卡在电梯轿厢地板与该楼层电梯外门之间,最终死亡。

事故发生后,警察前往现场开始调查。但是,了解到相关人员并非故意引起该事故从而判断该事故"不具有犯罪性"后,警方不再参与该事故的处理。美国不存在业务过失致死伤罪,所以对于其后查明的真凶——接线失误的维护人员和设置该电梯的医院,都无法在法律层面上定罪。如果说有什么过错要追究其责任的话,通常在这种情况下,说破天也不过是作为民事审判受理,受害者可要求赔偿损失。

实际上，这种情况对于受害者有一个很是棘手的问题。民事审判通常要求原告证明被告存在过失。这起案件中，死亡的日本医生的遗属必须要证明被告存在过失。作者曾得以在休斯敦与死亡男子的父亲进行面谈。那位父亲自然对电梯知识一无所知。从为了申请民事审判着手调查事故原因，到证明被告存在过失，全程由一个彻彻底底的门外汉承担，其难度可想而知。

遇到这种情况，受害人当然可以选择请经验丰富的调查公司或律师来帮忙。这些职业在美国随处可见。他们在报纸上得知事故，很快就会上门毛遂自荐。这起案件中，接线失误的维护人员所在公司马上承认了自己的过失，然而医院却一直拼命抵抗审判，还再三拒绝该公司多次提出的关于防止再次发生接线失误的提案。

破除医院方面的负隅顽抗，需要仰仗专家的力量。经验老练的专家们，不仅能立刻看穿事故原因，连对方为了隐匿证据会使用什么手段都能看得一清二楚。一位专家在医院企图隐匿证据篡改记录前就拍好了现场照片，收集了相关资料，以此与对方律师对簿公堂。最终，医院不得不承认过失，民事审判以和解告终。

审判过程中，死亡男子明明处于工作状态，医院却谎称"被害人遇害时处于喝过酒的状态"。为了驳倒这一说辞，律师甚至曾连同报社一起展开了针对医院的批判宣传活动。这起案件听起来像是电视剧一样，但确实让作者体会到了一个事实：对电梯知识一窍不通的平头百姓要靠自己的力量追究对方的责任是多么的困难。

如果这起事故发生在日本，维护公司和医院无疑会被判业务过失致死伤罪。在这种情况下，司法机关会着手调查事故原因及追究相关方责任，无须受害者遗属承担。如果像美国一样，失去挚爱的家人，还要自己想办法调查原因、追究过错方责任，可以想见遗属所肩负的担子有多沉重。从这个角度出发，由警方或检方实施事故原因调查、追究相关责任的日本制度，也并非全是缺点，反而存在着诸多优点。

此外，最近作者开始意识到：从与过去不同的视角出发去思考"追究责任"和"调查原因"问题是非常重要的，即需要换个角度考虑业务过失致死伤罪的定罪方式。在美国，这种过失不算犯罪，但是在日本和欧洲却会被追究法律责任。在这种情况下，如果对任何过失都一视同仁，会产生诸多弊端。所以，作者认为应该采取一些措施，将法律更加灵活地适用于具体案件。

欧洲和日本将业务过失致死伤罪列入法律的年限相对较短。至少在十七世纪之前，过失导致的事故或故障都被认为是"神明的旨意"。然而，由于操作者操作失误引起的事故（例如机动车事故等）影响范围变大，人们开始采取法律手段定夺是非。

如此一来，追究责任就产生了"抑制力"，所以必然有一定的效果。另外，正如上文所指出的，有些领域在追究过失责任时确实会产生弊端。有时候，发生问题的是诸如飞机、铁路、船舶等一旦发生事故或故障就将造成较大影响的领域。在这些领域，如果强行追究责任，加害者会为了逃避责任而隐瞒事故原因，真正的教训无法传承给下一代，最终导致大型事故可能卷土重来。为了避免这些问题，就要求构建一种能够在切实查明原因的同时，将在其中得到的教训活用于安全措施中，以避免事故再次发生的体制。

实际上，在日本，负责调查上文所提及的飞机、铁路、船舶事故原因的部门是国土交通省的运输安全委员会。该组织成立之初就本着发挥这种功能的目的，然而，虽然有正确的宗旨，可惜却没能很好地得到贯彻。作者认为：为了切实将在故障或事故中得到的教训活用于安全措施中，必须要结合当前时代和社会的现状，对体制加以改进。

职业伦理造就标准

在休斯敦电梯事故的调查中，还有一个非常令作者感兴趣的发现——规定和标准的存在方式。

与日本不同，美国实施地方自治制度。不同的州、市等自治体也有着不同的电梯规定和标准，其中，休斯敦实施的规定据说相当严格。得知该规定最基础的标准是由了解电梯的技术人员自主制定的，作者不由深感佩服。因为这件事在日本根本做不到。换句话说，在美国，并非由国家机关而是由技术人员自主制定标准，再由自治体采用该标准。

制定这一标准的是本书第三章所提到的更改锅炉安全率的美国机械工程师学会的成员。在日本，乍一看这个名字，容易认为它是"学者的组织"，但其实为"科技人员的组织"，作为职能团体开展相关活动。

在休斯敦电梯事故调查中，作者有机会采访到了参加电梯标准制定的美国机械工程师学会成员。此人虽是电梯技术人员，但据说是因为他认为"为了安全使用电梯，必须由我们这些最清楚电梯存在什么风险的技术人员来制定标准"才参加了自主标准制定。促使他这样做的无疑是一种强烈的职业伦理感。

在日本也有一个与"美国机械工程师学会"名称相似的团体，叫作"日本机械学会"（JSME：Japan Society of Mechanical Engineers）。然而日本机械学会却更倾向于是"学者的组织"，所以其内容虽然貌似与美国机械工程师学会如出一辙，实际上却迥然不同。非常遗憾，日本没有一个可供技术人员跨越业界界限，相聚一堂以实施社会活动的场所。这大概可归因于日本与美国文化上的差异。

因为美国奉行个人主义，所以贯彻着业界的规定或标准也"必须由技术人员自行制定"的想法。日本技术人员中不乏拥有高度自主意识者，他们能自主制定规定和标准来实施安全管理。但说到底这只不过是内部说法，大多数场合对外还是会说"听从上面安排"。正因为很多人有这种规定不过是"听从上面安排"的想法，才导致基本不会有人将为了保证各个机械/系统在最安全状态下运行而自主制定的标准作为行业公用标准。作者认为，这也涉及技术人员个人与组织的关系问题。之所以会出现这种现象，是因为技术人员个人的想法和意见总是无法摆脱组织的框架而传达到外界去。

诚然，将规定和标准的制定交由民间人员负责，确实存在相关人员为谋取自身利益而偷奸耍滑的风险。正因如此，作者才主张日本也需要有一个像美国机械工程师学会那样可以让技术人员暂时摆脱企业员工的身份，作为精通各自领域技术的专业人员参加社会活动的场所。因为活动场所开放，受社会监督，所以一般会基于职业伦理来开展活动。作者认为，在诸如此类相信"人性本善"的社会活动中谋发展，也是建设成熟的安全社会所不可或缺的。

实际上，虽然尚处于萌发期，但日本已经出现了由"听从上面安排的规定"向"自主制定规定"转型的兆头。比如高压燃气的维护保养，现在使用的即为自主制定的标准。制定这一自主标准的是经济产业省下辖的特别民间法人团体——高压燃气保安协会。据说之前一直使用的是国家标准，但期间多次发生与实际状态不匹配的状况，由于"长此以往将无法保证安全运行"的呼声日益高涨，所以将原有规定切换成基于自主标准制定的新规定。

需要说明的是，作为负责行业监督的经济产业省下辖机构的身份，是高压燃气保安协会开始实施自主规定的背景之一。但在日本，这种自主规定实属例外，或许因为其中涉及经济产业省的利益，所以大多数情况下国家是不允许实施自主规定的。由此可见，诸如此类的行政态度，也是建设成熟的安全社会的巨大壁垒之一。

第八章
安全社会中的风险

最后一章将在此前提及的风险话题的基础上,对我们所构建的安全社会的相关风险问题进行思考。

空客和波音的安全思想的差异

飞机一旦发生故障乃至事故,必然会产生巨大损失,所以航空业界的相关安全措施不失为讨论安全措施时的参考对象。实际上,航空业界迄今为止经历过多次大规模死伤事故,因此比其他任何行业都更注重将从过去失败中汲取的教训灵活运用于安全措施中,更注重建立彻底维护安全的体制。比如,航空业安全性已经达到相当高的水平,甚至能保证即使乘客维持每天四小时的乘机时间，遭遇事故的概率也仅为约一千四百年一次。

民航飞行的安全思想主要分为"空客型"和"波音型"两大类。二者共同点在于，目前都已建成了尽量避免人类介入的飞行体系，以防止由于人类判断失误所导致的事故或故障。过去的事故告诉我们，这种飞行体系相对来说安全性更好，针对这一点，空客和波音的安全思想没有区别。二者的区别在于当人类感知到异常情况时，波音最终倾向于优先人类的判断，空客则优先机器的判断。

如果设想所有的异常情况再对二者进行讨论，显然无法判断哪个安全思想更加正确、更加优秀。二者都成功营造了安全的运行状态，但"二者均无法保证完全不会发生事故"，而这就是我们能得出的结论。唯一可以肯定的是，无论是哪种安全思想，重要的是一旦决定就必须贯彻下去。

各种各样的安全思想同时存在才是最为危险的状态。民航飞机只有两种最终落脚点不同的安全思想，但还是会发生由于不同安全思想同时存在所导致的事故。1994年4月，即将着陆于名古屋机场的中华航空140班机的坠落事故，就是典型事例之一。

归纳总结各新闻报道的事故概要，可以看出，这次坠机根本原因在于副机长的操作失误。由于副机长误将飞行模式调整到自动驾驶模式，机长尝试解除自动驾驶模式时，设备方不接受解除，由于持续进行反自动驾驶的人为干预，导致机体进入非预设状态，最终失速坠落，造成二百六十四人死亡。

失事飞机为空客飞机，但是机长之前是波音飞机的驾驶员。波音飞机可以通过手动操作操纵杆实现自动驾驶的解除，所以，作者认为这位机长当时可能是凭着相同的感觉进行了尝试——然而，这一操作方法并不适用于空客飞机。这也是导致这次事故发生的间接原因。

现在，限制飞行员驾驶飞机的种类，已经成为航空业界安全方面的常识。基本上不会出现空客驾驶员与波音驾驶员调换驾驶的情况。本来驾驶飞机就需要二至三年的长期培训，熟练掌握一种飞机的驾驶方法绝非易事，所以飞行员根本不可能应对诸如"请您明天驾驶其他种类的飞机"这样的要求。

更准确地说，即使是基于同种安全思想制造而成的飞机，机种不同，对安全驾驶的要求有时也不尽相同。特别是最近，电子化的影响备受瞩目。我们印象中的飞机驾驶舱总是塞满不计其数的各种仪器，但这其实只是老旧的飞机。新型飞机驾驶舱去除了那些仪表，所有信息都整齐有序地显示在眼前的平板液晶屏幕上。

现在的情况是，同一航空公司同时存在老式飞机和新式电子飞机。那么无论驾驶哪种飞机，只要与驾驶员自己熟知的机种不同，就会存在难以发挥历来的风险感知能力的问题。无论是经验丰富的飞行员还是新手飞行员都无法避免这个问题，所以在航空业界，目前的安全管理要求将飞行员分类细化到驾驶机种。航空业界必须实行这样的管理，因为如果飞行员驾驶不熟悉的飞机，在出现紧急情况时犯错的风险也会相应增高。

左转走对面，右转走眼前

我们所生活的这个社会，在很大程度上也和航空业界相同，充斥着各种想法同时存在的复杂情况。如果将技术水平的差别也考虑进去，已经超出可以整理归类的水平,俨然一种混沌状态。

比如,就连再平常不过的一条交通规则,日本和其他国家也存在"车辆靠左通行"和"车辆靠右通行"的区别。若看细节区分更是无穷无尽。出现上述差异的原因,一定是事故或故障。因为只要人们对于安全持有不同的想法,紧要关头就一定会体现在行为举止上。

日本人目前遵守行人靠右、车辆靠左的交通规则,所以,在住宅区狭窄的小路上遇到汽车时,人们大多会瞬间下意识地向右侧躲避。但是,如果是在通行规则与日本恰恰相反的国家,这一行为就不再能规避风险——可能就在下一个瞬间,正因你基于自己的安全价值观躲向了自认为安全的一侧,导致差点撞上将转向盘打往同一方向的汽车。

作者曾经在美国留学过一段时间,有时也会开车,所以,为了避免下意识做出错误的判断,每当在路口拐弯时都会念经一样出声念诵自己所编的一句顺口溜:"左转走对面,右转走眼前。"因为在车辆靠右通行的国家,左转时必须汇入"对侧的车流"。右转时必须汇入"眼前较近的车流"。为了贯彻这一规则,每次作者都会出声提醒自己如此操纵转向盘。

可能看上去比较愚笨，但是不知怎么办的时候，这种简单粗暴的安全措施反而出乎意料的管用。坦白说，如果这样简单直接的方法没有成为社会共识的话，作者反而觉得不可思议。图8-1是作者在念诵"左转走对面，右转走眼前"时脑海中浮现的画面示意图，正是多亏了脑海中有这样一幅图像，作者在美国留学时才从未感受过任何与驾驶机动车有关的危险。

关于交通规则不同的问题，还有一件很有趣的事情。北欧国家瑞典，之前和日本一样实施车辆靠左通行的交通规则，但是社会安全措施却将其从某时起改为车辆靠右通行。1967年9月3日实行的这一变更，也被称为"车辆靠右通行日"（瑞典语Dagen H）。

瑞典位于北欧，被挪威、芬兰、丹麦三国包围，这三个国家均为"车辆靠右通行"。随着越来越多的车辆在相邻国家间跨境往来，交通规则不同引发的交通事故也日益多发。所以，瑞典才会不顾多数国民反对，执意配合周边国家，将交通规则改为车辆靠右通行，以维护社会安全。

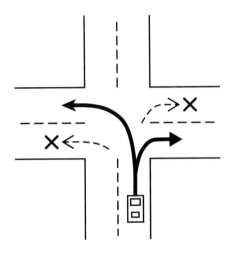

图 8-1 左转走对面，右转走眼前

作者曾看过记录下这一瞬间的影像资料。正午时分，在交警的指挥下一齐从车辆靠左变为车辆靠右的样子，莫名地让人感觉不可思议。据说虽然交通规则变更之初，交通事故数量曾一度增长，但其后逐渐减少，从结果来看，事故发生率较交通规则变更之前有所下降。通过这个事例，明显可以看出，社会整体持有统一的安全思想更有利于维护安全状态。

诚然，被迫更改规则的瑞典人民当时必然经历了很大的困难，可能也像作者一样编出"左转走对面，右转走眼前"的顺口溜，念经一样提醒自己。虽然没有证据，但尝试去习惯不同的规则时，这种简单粗暴的努力是最有效的。所以，作者个人确信瑞典人民在开车时也一定口中念诵着"左转走对面，右转走眼前"。

不同级别的机械共存

上文提及的交通规则的话题，基本只会出现在跨国语境下。但是正如作者在序言及前文中所言，在老式机械/系统与新式机械/系统中，人与机器的分工逐渐改变。

但是，现在的日本却处于各种各样不同级别的机械/系统共存的状态。航空业界通过区分操作机器的人来解决这一问题。核电站的运行管理现场也是如此。当一座核电站同时备有老式和新式的反应堆时，管理体系自然也会发生变化。在这种情况下，会将操作员彻底分为负责老式反应堆和新式反应堆的两组，分别实施运行，以避免由于体系交叉导致事故。

无论是航空业界，还是核电站，都是安全方面最受社会关注的领域，所以才会贯彻专家级别的管理。

然而，一般的社会领域中，没办法做到根据那些机械/系统的不同严格区分用户。尽管从表面上看，相同的机械/系统也分为电子控制和非电子控制，甚至在电子控制的机器中，根据成机年份和机种不同，机器类型也不尽相同。

每个人脑海中关于人类和机器的分工，自然也不尽相同。对于习惯于老式机器的人来说，人类负责的范围相当大；对于习惯于电子控制式机器的人来说，则是机器负责的范围更广。对于后者来说，非电子控制的老式机器就是彻头彻尾的另一个机器。

与本书第七章提到的既存不合格问题不同，共存问题必然会一直存在于公司内部；而且，作者认为要避免由此引发的事故是个相当棘手的难题。

正因如此，作者绘制了"风险地图"。面向社会公开"风险地图"，也是希望能够为减少此类事故略尽绵薄之力。

风险恒常性理论

安全社会所面临的问题之一，便是因为安全了，反倒更危险了。这是指由于机械/系统逐渐变得安全，人类赖以活动的范围变大，反而导致遭遇风险的概率上升。

昆士兰大学名誉教授杰拉尔德·维尔德提出的"风险恒常性理论"指出了安全社会中正在上升的风险性。杰拉尔德教授的著作由立教大学心理学教授芳贺繁译为日语，以《交通事故为何难以彻底消灭》（『交通事故はなぜなくならないか』）为题在日本出版。

风险恒常性理论认为，无论给机动车安装了多么先进的安全设备，无论将道路改良到何种水平，或是无论如何强化取缔违反交规，"事故发生率基本没有发生改变"。面对这一主张，那些埋头于安全技术开发或从事维护交通安全活动的人发出了强烈的批判，但这些批判似乎是源于对该理论的误解。

风险恒常性理论所预测的"不会发生变化"的事故率指的是总体事故率。如果着眼于个别事例，安全技术的进步和交通安全活动的实施确实会减少某种事故的发生，所以这一理论并非意图否定人们为维护安全所做出的努力本身。该理论是指由于人们的努力变得安全后，反而因为安全而出现的新的风险导致事故发生数增加，所以从最终结果来看，总体的"事故发生率不会发生改变"。

凭借技术进步，机动车已经算是相当安全的设备了。但是从结果来看，死者人数虽然有所减少，但交通事故数却没有明显减少。这一点似乎能从风险恒常性理论中找到合理的解释。

实际上作者对此也感同身受。作者喜欢滑雪，现在依然会每年抽出一点儿时间开车去一趟滑雪场。因为不习惯在雪路上驾驶，所以考虑到来回方便，总会选择在

207　路上没有积雪的时期去滑雪。有一次，已经进入四月了，路面还是冻得结实，然而当时作者已经从滑雪场出来开上了回家的路，又不能掉头回去，感到颇为头疼。

　　但是咬牙下定决心后，作者却意外地发现没有感觉到有多危险就成功开了过去，不禁对此深感惊讶。这要多亏汽车装载的防抱死制动系统。在本书第一章也曾提及，防抱死制动系统作为一种安全装置，可以在踩刹车时感知刹车片咬合状态，自动松开刹车以避免刹车锁死导致打滑。这一装置近来已经成为汽车标配，车辆借此可以在不发生侧滑的情况下驶过结冰的路面。

　　当时从雪场出来是一段下坡路，所以这一段路作者一直踩着刹车。防抱死制动系统运行时脚底会有被棍棒敲击的感觉。想来也许是自动控制刹车片解锁的动作传到了踩在刹车的脚上。作者不习惯在雪路上驾驶，更算不上擅长开车，但却能安心且顺利地驶过结冰路面。

208　　上述描述的是迫不得已开过冰面的经历。然而令人难以置信的是，有些跟作者之前一样一直对冰雪路面唯恐避之不及的人，在得知"有了防抱死制动系统就万事大吉"后也能眼睛都不眨地开上冰雪路面。这就是变得安全后反而产生了风险。因为有了安全装置保障汽车驾驶安全，那么司机便会驶入之前一直绕开的风险环境，由此遭遇其他风险的可能性就会上升。

类似的情况随处可见。我们经常会在报纸、电视上看到登山者遇难的新闻。相较于过去，最近有很多人真的是眼睛都不眨一下就迈进实际上相当危险的冬季深山。结果，因气候突变等原因导致登山者遇难的新闻越来越多。

在过去，深山老林明明是只有受过培训的老手才会去的地方，现在连初学者或老年人都能随意出入。这是因为登山已经成为让初学者和老年人也觉得没有风险的安全活动了。实际上多数情况下也没有出现什么问题。然而，因为深山本就是潜藏多种风险的地方，一旦事情没有按照预先设想的那样发展，风险值将瞬间拉高。实际遇难的登山者，估计也都是这种情况。

然而，因为这种情况源于人的意识问题，所以未来恐怕也难以避免。人基本都喜欢有风险的事物。所以首先要承认这一风险，再设法规避致命的风险发生。这才是我们必须要做的。

三天、三个月、三年、三十年、三百年

风险恒常性理论主张，如果出现新的既安全又便利的辅助装置，人类的活动范围就会变大，导致人们遇到新风险的概率增高。除此之外，还有一种虽然有一定程度上的戒备，但却由于注意力不能长时间集中而导致的风险。人们总是好了伤疤忘了疼，同样的事故反复发生就是一个典型的事例。

在这里，"三"这个数字非常关键。正如"三天打鱼两天晒网"所言，人类只要重复一件事情，三天就会逐渐腻烦。如果是那些让自己吃过苦头的记忆，可能会延续得久一些，但是至多三个月也会逐渐淡忘。然后，过了三年基本就会忘得一干二净，日常生活中已经根本看不到三年前事故的身影。

组织也是如此。长期活动的过程中一定会发生人员的更替。因此，有关重大事故或故障的记忆，过上三十年就会逐渐衰退消失。社会倒是与个人或组织不同，事故或故障的记录在社会上会长期传承下去，但也无法避

免被淡忘。只要经过了一定的时间,过去经历的风险将会变成一纸数据,相关的安全活动不再举办。这一淡忘周期大约是五十年。然后再过三十年,将变得就好像那起事故从不曾发生过(图8-2)。

社会关于事故或故障的记忆"在发生后五十年左右淡化"。虽然这其中没有包含"三"这个关键数字,但却是非常重要的观点。因为有这样一条令人难以置信却真实存在的法则:每过五十年都会再次发生与五十年之前相同的事故。比如,弥彦神社踩踏事件发生于1956年,其后约五十年,2001年,明石的天桥上也发生了同样的踩踏事件。著名的火车脱轨事件,如1962年"三河岛事故"发生后约五十年,2005年便发生了日本旅客铁道株式会社福知山线脱轨事故。

这些绝不是"单纯的巧合",因为类似的事例举不胜举。作者深信其中确实有类似于社会性法则的存在。反之,如果能够积极认同这一法则并擅于对其加以利用,那么就有可能规避类似的事故带来的风险。

说起来也是有一段时间的事了。1947年9月,第二次世界大战结束后不久,一场台风席卷关东地区和东北

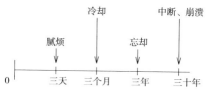

（a）随时间变化，事故发生原因的变化

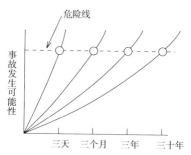

（b）随时间变化，事故发生可能性的变化

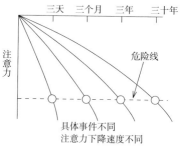

（c）随时间变化，注意力的变化

图 8-2　三天、三个月、三年、三十年

地区，带来一场相当大的灾难。这场台风被称为"凯瑟琳台风"，造成一万零八十八人死亡，八百五十人失踪，一千五百余人受伤。此外还损毁房屋九千三百栋，并导致三十八万五千栋房屋渗水。群马县和栃木县受灾程度最为严重，一度发生泥石流与河川泛滥。利根川、荒川地区河堤崩溃，导致埼玉和东京等大范围地区房屋渗水。

2009 年，民主党上台之后立刻将目光聚焦在群马县八场大坝的建设中断问题上。八场大坝原本是计划用于保护首都圈免受凯瑟琳台风涝灾影响而建的。当时情况特殊，在此对建设中断的利与弊不做评论。但是，从社会舆论尽数支持中止建设八场大坝这一点可以看出，当时人们脑海中关于过去灾难的记忆已经开始淡化。作者深信这种淡忘对他们支持中止大坝建设有一定的影响。

人们对于凯瑟琳台风的记忆尚且能够淡忘，那三百年前的事故自然会被完全抛在脑后。比如，人们基本不考虑富士山有一天真的会发生喷发，而它确实是一座活火山。相关部门倒是制定了灾害预测图之类的文件，作为富士山万一喷发时的避难和指导方针，但是真正相信这些文件会有用到的那一天并认真对待者，想必屈指可数。

如何防备大灾害取决于"社会的意愿"

大约五十年前的1959年9月，"伊势湾台风"来势汹汹，给日本带来了惨重的灾难。这次台风造成约四千七百人死亡，约四百人失踪，约三万九千人受伤。其后日本的涝灾对策有所进步，但是近年来日本周边又出现了大范围的气候变动，新的风险蓄势待发。实际上短时间的集中暴雨也会导致人员伤亡，所以，作者认为必须做好应对涝灾的准备。

然而并非正因如此才必须要花钱修建八场大坝这样的设施，作者在此想强调的是，有必要重视洪涝灾害，将其视为常见自然灾害之一开展相关防范活动。

提起治水，我们总是容易将思维局限在如何绝对性地防止决堤这样的问题上。然而，将受灾程度抑制在不会造成人员重伤或死亡的水平，以及如何在灾后尽快恢复到正常状态,才是佳策。因为比起防备极其偶发的罕见灾害,反思上述对策才是更加合理、更加符合社会当下要求的思维方式。

2005年8月,大型飓风"卡特里娜"登陆美国东南部,以路易斯安那州新奥尔良市为中心的地区受到了极大影响。如果与此相当的台风席卷日本,于横滨一带登陆,首都圈无疑会遭受灭顶之灾。此时东京湾掀起的浪潮将高达四米,而目前的堤防最高处也仅有三米出头,基本不会发挥任何作用。另外,在德川家康命令下开始的"东迁事业"① 中,北关东的水源河流大部分被向东引至海中,但由于原本地形之故,河流本应向南,因而可以想见,大量的水会从各条河流中溢出,涌进东京。

最需要注意的是,东京的地下会被淹没。特别是隅田川上游的南千住一带,如果东京涌入大量的水,从这一带溢出的水将会灌进地铁通道。如此一来,地铁

---

① 东迁事业,是指德川家康迁至关东后,于1594年启动了"利根川东迁事业",原向南注入东京湾的利根川经过人工改道,转为向东直接注入太平洋。此举根除了关东地区的水患,促进了江户的崛起。——译者注

通道将成为疏水通道。作者甚至能想象到四通八达、连接各处的所有东京地铁和周围的地下街都淹在水里的样子。

如果居民们能更好地避难，地铁通道和地下街充当蓄水池能避免人员伤亡，那也不失为一种方法。可问题在于，目前的地铁线路没有挡水和排水的功能。如果做了避水防止外面的水流入，那么就需要用排水泵之类的机器将水排出去，完全排空这些水将会耗费大量的时间。并且，如果在这些作业完成之前，地铁这种居民的代步工具都无法正常使用的话，灾害带来的破坏实在是难以估量。

看到这里，有人可能会觉得是在危言耸听，但作者并非想要主张"必须要建大坝"或是"必须把堤防建得更高一些"，而是想倡导事先对这些灾害进行预想，思考怎样能避免致命性危害。这个过程一定绕不开成本问题。所以更应该以灵活的思维考虑问题，开动脑筋。比如确实会出现一些损失，但是不会有人员死亡；或者设法尽快复原灾后秩序，等等。

事实上，在约四百五十年前，就曾有人基于这样的想法治水。那就是战国时代的名将武田信玄。武田信玄控制了流经甲斐甲府盆地的"釜无川"和"御敕使川",开辟了抑制洪水泛滥的农田。为此,武田信玄采用了将河流分成两段、在汇合处放置巨石稳定水流、通过撞击码头减少河流能量等方法进行控制。还有一种故意引起小规模的泛滥以防止致命的大泛滥的堤坝,名为"霞堤"(图8-3)。

诚然,当时的土木工程技术不像现在这般先进,还没有能够彻底防止洪水泛滥的技术。但是,作者认为其通过与社会成本相匹配的方法来避免致命伤害的智慧,至今仍值得我们学习。

冷静地判断可能发生的损失程度、频率和成本,在此基础上决定自己该走的路。为此,需要基于科学知识的数据来为冷静判断提供依据。

实际上,伊势湾台风发生的三年前,相关部门曾制作了木曾川下游的浓尾平原的涝灾地形分类图(总理府资源调查会编)第一号。涝灾地形分类图是一种通过解读地形等来预测洪水、海啸发生时所引发灾害的示意图,

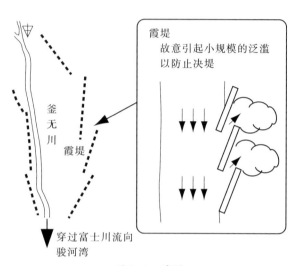

图 8-3 霞堤

出处：畑村洋太郎編著『実際の設計第 6 巻—技術を伝える』日刊工業新聞社（2006 年）。

又称灾害预测图。这张涝灾地形分类图的预测与三年后遭受台风灾害的地区完全一致。但即便如此，灾害还是带来了巨大的损失。由此可见，虽然有这样的信息，但社会上并未加以重视并使用。

如何应对可能发生的重大灾害，在很大程度上，也取决于社会的整体意愿。

结　语

尽管在本书中并未详细讨论，但是"风险学项目"中亦包括调查和研究医疗行为中的风险的团队。

只有和医务人员进行深入探讨，才有可能发现医疗领域独有的困难。很明显，这种困难来自他们面对的是人类和被交付的生命。不管有多少标准和手册告诉我们这样做是行得通的，当我们真正面对每一位病人的时候，仅凭这些信息，在很多情况下是行不通的。

然而，即使是在这些医疗领域，最近也有越来越多的人强调"遵守准则"。例如，即便病人在手术后去世了，医院内部也只会问"是否按照指导方针进行了操作"，甚至充斥着一种只要遵守了这一程序就万事大吉的氛围。

如此一来，可怕的是，在年轻医生和护士的脑海中，比起患者的生死，遵守操作手册中的要求更为重要。考虑到最近医疗诉讼的数目激增，为了保护组织和相关人员的人身安全，只要遵守准则就好的运营方式倒是不难理解。但这种做法确实不妥。

因为医疗活动需要直接与人的生命打交道，所以比照指导方针来处理人的生死，其可笑之处自然会清晰地浮现出来。同样的事情发生在当今日本社会的各个领域。"服从"（compliance）一词象征性地证明了这一点。

作者曾多次向相关研究者重申，把"compliance"一词翻译成"遵规守纪"的服从之意，令人费解。原本这个概念是指"灵活应对社会要求"，在日本却被异化为只要遵规守纪就行。但是，只要这样的解释和运用持续下去，日本将不可避免地继续陷入动弹不得的封闭社会。

这也是非常危险的事情。正如第七章所说，规定和标准等的确是先人智慧的结晶，极其宝贵，没有理由不去沿用。但如果认为只要遵守这个就够了，最终会导致我们意识不到周围环境的变化在不知不觉间带来了新的风险。

作者牵头从事的项目研究——利用风险学绘制"风

险地图"——意义也在于此。提供一张"安全地图",告诉你"别管为什么了,总之按照这条路走吧",乃是传统的安全思维。实际上,这个方法成就了一个相当安全的社会。但是,正如本书所介绍的那样,随着人类与机械/系统之间关系的变化及人类意识的变化,传统的方法正在走向死胡同。因此,今后更为重要的是,首先要找到风险是什么。

本书中也提到了"社会的意愿"。如何应对几十年甚至几百年才会发生的大灾害,如何利用今后的能源(包括思考风险问题),如何制定规定和标准……这些还是取决于"社会的意愿"。而要做到这一点,就需要用到在本书中反复强调的信息和知识的共享。

那么,在本书的最后,作者还想谈谈"个人意愿"问题。

在风险学相关研究当中,最近出现了一个颇具争议的问题,即每个人最好按照自己的意愿绘制出适合自己的风险地图。绘制一张关于你工作场所的风险地图,一张关于你居住地的风险地图。

当然每个人的风险地图内容各不相同。但这也无妨。

首先，那些自己绘制风险地图的人，如果扩大视野，就能看到社会哪些地方存在什么风险。此外，如果一个人能够将自己的风险地图与原有的风险地图或他人的风险地图进行比对，那么他自己的风险地图不仅会变得非常丰富，而且也能在整个组织和社会中绘制出非常丰富多样的风险地图。这样一来，我们就可以预测未来的风险。

换句话说，这些具有多样性的个体的增多，可以提高社会整体应对风险的能力，从而创造一种对风险有抵抗力的文化。

未来的安全社会不可能通过宣扬"安全很重要"，或者仅仅责怪别人"在安全对策上疏忽职守"来实现。以当事人的身份参与制作风险地图，比起在场外大惊小怪更有助益。

这项活动不需要注重效率，即使出现重叠，只要参与者数量足够多，就可以保证风险范围的覆盖性。重要的是自愿参与风险地图的制作，参与者越多，社会应对风险的能力就越强。

文化不就是这样建立起来的吗？作者希望通过风险学研究，助力建立一种对风险具备抵抗力的文化。此外，衷心希望个人层面也能开展绘制风险地图的活动，建立起安全社会的文化基础。

在出版本书过程中，"风险学项目"的研究和实验总监手冢则雄先生及项目组的石村雅子女士悉心指正，特此鸣谢。

另外，感谢参与项目的一百五十多位成员，以及森大厦株式会社、日产汽车株式会社、东京电子株式会社、东日本旅客铁道株式会社、西日本旅客铁道株式会社、株式会社松井制作所、新川电机株式会社、新川传感器技术株式会社、日本奇石乐株式会社、东芝电梯株式会社、三和持株会社、株式会社德山、株式会社森精机制作所、日本产业技术综合研究所等企业、组织的大力支持。

畑村洋太郎

二〇一〇年三月

译后记

　　2022年岁末，韩国首尔梨泰院发生严重踩踏事故，共造成一百五十多人死亡，另有一百多人受伤。据韩国警方透露，发生踩踏事故的小巷是宽约三点二米，长约四十五米的斜坡，事故发生时，整条小巷挤满了人。发生踩踏事故的部分是其中大约长五点七米的一段，当时这大约十八平方米的空间里有三百多人，本次事故的死伤者都在这一段中被发现。狂欢之路就这样变成了通向地狱的阶梯。作为旁观者的我们，或者惊诧，或者惋惜，但大多旋即将此抛之脑后，从来没有意识到，就在我们转身离去的背影里，隐藏着何等犬牙差互的风险。

　　逝者已矣。但是想必他们都没有读过这本写于十一年前的警世恒言吧。如果他们知道踩踏事件发生的阈值是每平方米内超过十个人，如果他们知道一旦感觉到身不由己地"飘浮运动"就意味着死神已经在向他们招手,是不是会选择另外一条道路,从而与地狱之门擦肩而过呢?

凡事没有如果。从日本核泄漏事故到欧洲各国债务危机,从美国占领华尔街运动到连年丰收背后的粮食安全,世界各国都在上述"风险"的蝴蝶效应面前显得脆弱无比。就连本书的作者,恐怕也没有想到在本书初版付梓之后不久,一场足以动摇日本国本的地震及其导致的核泄漏事故,完全超越了他的想象范围,将其对于日本核能的最后一点信心无情地碾压在地。

说到底,风险社会概念的核心是一个社会进入工业化时代的发展逻辑。从这个立足点出发,通过审视社会活动的危险覆盖结构和行动秩序的适当性可以发现,现代化危机的主体——工业社会自身(这个工业社会自身不断地追求现代化,同时又被迫面对自我威胁、自我毁灭的不安全性)——常态混乱。[①] 与传统社会缺乏系统性、可以追责的事故型风险不同,核风险、基因风险、

---

① 参见薛晓源、刘国良:《法治时代的危险、风险与和谐——德国著名法学家、波恩大学法学院院长乌·金德霍伊泽尔教授访谈录》,载《马克思主义与现实》2005年第3期。

生化风险这些系统产生的可能带来全球性灾难的未知风险，无法在古典工业社会的框架内得到有效控制。正如有些学者所说，我们目前所处的阶段，不可控的风险已经突破了古典工业社会的边界，所有的制度却仍然是古典工业社会的。① 而对社会系统的复杂性和偶然性的高度抽象综合，必将引发制度风险。无论是冒险取向还是安全取向的制度，都可能蕴含运转失灵或由相对无知导致的决策失误的风险。风险社会不是某个具体社会和国家发展的历史阶段，而是对目前人类所处时代特征的形象描绘。②

在描摹的意义上，于"风险社会"之前所加上的"无形"二字，似无意义，又似乎颇有深意，怎么看都像极了加笔于蒙娜丽莎唇边的两撇淡淡的胡须。

李立丰
2024 年 4 月 1 日于沈阳

---

① 参见南连伟：《风险刑法理论的批判与反思》，载《法学研究》2012 年第 4 期。
② 参见劳东燕：《公共政策与风险社会的刑法》，载《中国社会科学》2007 年第 3 期。